항공객실

비상 안전

Cengage

In-flight Emergency Procedures for Cabin Crew

Hong Young Sik
Park Soo Jin

ISBN-13: 978-89-6218-561-4

Cengage Learning Korea Ltd.
14F YTN Newsquare 76 Sangamsan-ro
Mapo-gu Seoul 03926 Korea

Cengage is a leading provider of customized learning solutions with employees residing in nearly 40 different countries and sales in more than 125 countries around the world. Find your local representative at: **www.cengage.com.**

To learn more about Cengage Solutions, visit **www.cengageasia.com**

Printed in Korea
Print Number: 01 Print Year: 2024

In-flight Emergency Procedures for Cabin Crew

항공객실 비상 안전

홍영식 · 박수진 지음

Cengage

Australia • Brazil • Canada • Mexico • Singapore • United Kingdom • United States

항공객실

비상 안전

초판 1쇄 인쇄 | 2024년 8월 19일
초판 1쇄 발행 | 2024년 8월 26일

지은이 | 홍영식, 박수진
발행인 | 송성헌
편집기획 | 김민정
발행처 | 센게이지러닝코리아㈜
등록번호 | 제313-2007-000074호(2007.3.19.)
주 소 | 서울시 마포구 상암산로 76 YTN 뉴스퀘어 14층
이메일 | asia.infokorea@cengage.com
홈페이지 | www.cengage.co.kr

ISBN-13 | 978-89-6218-561-4

정가 25,000원

머리말

전 세계 항공 여객운송 산업의 성장으로 항공기를 이용하는 사람이 증가하고 있으며, 국제민간항공기구(ICAO)를 비롯한 국제기구, 각국 정부와 항공사들의 적극적인 노력으로 항공안전 및 항공보안 관련 기준이 더욱 엄격해지고 있다. 항공안전과 항공보안은 항공 여객운송 산업의 근간이며, 항공 산업의 발전을 위해 항공 관계자들은 끊임없이 연구·개발을 하고 있다. 이에 발맞추어 교육 현장에서는 산업 현장의 직무를 수행하는 데 필요한 지식, 기술, 태도를 국가적 차원에서 표준화한 NCS(National Competency Standards)의 모듈을 익히고 능력을 갖춘 인재를 키우기 위해 노력하고 있다.

이 책은 항공기 내에서 비상 상황이 발생했을 때 객실승무원이 수행해야 할 안전·보안 업무를 담고 있으며, 구체적으로 항공사고, 기내 화재, 기내 감압, 비상탈출, 기내 불법 방해행위, 항공 테러, 기내 응급 환자 발생 시 객실승무원의 대응 조치에 대한 내용으로 구성되었다. 《항공객실 일상 안전》으로 객실승무원의 기본 업무를 익힌 후 이 책을 공부한다면 항공 관련 법률·규범 및 항공 실무를 바탕으로 항공안전과 항공보안의 종합적인 내용을 이해할 수 있을 것이다.

이 책은 객실승무원의 필수 자질인 '문제 해결 능력', '상황 대처 능력', '의사소통 능력', '협동심' 등을 기를 수 있도록 다음과 같이 구성되었다.

첫째, 주제별 '생각해보기'의 선행 질문을 통해 독자가 주제에 대해 흥미를 가지고 스스로 생각하여 문제점, 개선 방안 등을 도출해낼 수 있도록 내용을 구성했다.

둘째, 세부 주제별 학습을 마친 후 '시나리오 기반 안전 업무 실습'을 통해 항공사고 대처에 대한 종합적 사고를 할 수 있다.

셋째, 다양한 항공사고와 사례를 소개하여 현장감을 느낄 수 있다.

넷째, 항공 객실 서비스 관련 전공자뿐만 아니라 항공 객실 서비스에 관심을 가진 일반인도 내용을 쉽게 이해할 수 있도록 실물 사진과 영상 자료를 다수 실었다.

끝으로 사진과 영상 자료 제작에 기꺼이 참여해준 인하공업전문대학 항공운항과 학생들에게 고마움을 전한다. 또한 내용을 감수해준 현장 승무원, 책이 나오기까지 물심양면으로 지원해준 센게이지러닝코리아 관계자분들에게도 감사 인사를 드리고 싶다.

객실승무원을 꿈꾸는 독자에게 미력하나마 작은 책을 통해 항공안전 및 항공보안의 개념과 의식을 심어줄 수 있어 기쁘고 행복하다.

2024년 8월

홍영식, 박수진

차례

CHAPTER 1 항공사고

CHAPTER 2 기내 화재 발생 시 대응 조치

CHAPTER 3 감압 시 대응 조치

CHAPTER 4 비상 탈출 시 대응 조치

CHAPTER 6

항공 테러 시 대응 조치

CHAPTER 7

응급 환자 발생 시 대응 조치

CHAPTER 1

항공사고

AVIATION ACCIDENTS

항공사고를 일으키는 원인은 인적 요인, 기술적·기계적 결함, 기상 상태, 항로 및 교통 통제, 항공사 및 관계 기관, 국가의 문화적 환경 등 다양하고 복합적이다. 이에 국제 항공 기구, 각국, 공항 및 항공 산업 관련 기관, 항공사 등은 항공안전을 강화하기 위해 항공사고 관련 정책 및 규정을 수립하고 이행하는 데 체계적인 노력을 기울이고 있다. 이 장에서는 항공사고의 개념과 유형을 파악하고 예방을 위한 활동, 항공사고 조사 및 각종 보고 제도 등에 대해 알아보자.

학습 목표

- 항공사고의 개념을 이해할 수 있다.
- 항공사고 사례를 통해 항공사고 예방의 중요성을 이해할 수 있다.
- 항공사고의 특성과 원인을 이해함으로써 항공사고를 예방할 수 있다.
- 항공사고 예방 이론을 항공사고 사례에 접목하여 항공사고를 예방하기 위한 방안을 모색할 수 있다.

학습 내용

- 항공사고의 개념
- 항공사고의 특성과 원인
- 항공사고 예방 이론
- 항공사고 보고 제도

01 항공사고의 개요

국제민간항공기구(International Civil Aviation Organization, ICAO)의 항공사고 자료에 따르면 1945~1972년 동안 여객운송 실적이 약 70배 증가한 반면 항공사고로 인한 사망률은 1/14로 감소했다. 또한 항공 기술이 발달함에 따라 항공사고가 발생할 확률이 낮아져 항공기의 안전성은 여타의 교통수단보다 우수하다고 할 수 있다. 그러나 항공기의 대형화, 제트화로 인해 항공사고는 그 확률이 낮다 하더라도 한 번 발생하면 대형 사고로 이어질 수 있으므로 사회적·경제적 파장이 매우 크다. 오늘날에는 항공 여행이 보편화됨에 따라 승객들이 안전을 최우선

AFP/AFP via Getty Images

으로 여기며, 다양한 원인의 항공사고에 더욱 주목하고 있다.

1) 항공사고의 개념

국제민간항공협약(Convention on International Civil Aviation)은 1944년 시카고 국제회의에서 채택된 민간 항공 운영을 위한 기본 조약으로, 국제 민간 항공이 발달하면서 각국 및 국민 간의 마찰을 피하고 협력을 촉진하기 위해 제정된 일정 원칙과 기준이다. 국제민간항공협약 부속서(ICAO Annex 13)의 '항공기 사고 및 준사고 조사(Aircraft Accident and Incident Investigation)'에는 항공사고의 조건이 명시되어 있으며, 이를 토대로 우리나라의 항공안전법 제2조에는 다음과 같이 항공기 사고(aircraft accident), 항공기 준사고(aircraft incident), 항공안전 장애(hindrance to aviation safety)가 정의되어 있다.

(1) 항공기 사고

항공기 사고는 사람이 비행을 목적으로 항공기에 탑승한 때부터 탑승한 모든 사람이 항공기에서 내릴 때까지 항공기의 운항과 관련하여 발생한 사람의 사망, 중상 또는 행방불명, 항공기의 중대한 손상, 파손 또는 구조상의 고장 및 항공기에 접근이 불가능한 경우 등을 말한다.

(2) 항공기 준사고

항공기 준사고는 항공기 사고 외에 항공기 사고로 발전할 수 있었던 것을 말한다. 항공기의 위치, 속도, 거리가 다른 항공기와 충돌 위험이 있었던 것으로 판단되는 근접 비행이 발생한 경우(다른 항공기와의 거리가 500피트 미만으로 근접) 또는 경미한 충돌이 있었으나 안전하게 착륙한 경우 등 항공안전법 시행규칙 별표 2에 16개 사항이 명시되어 있다.

(3) 항공안전 장애

항공안전 장애는 항공기 사고, 항공기 준사고 외에 항공기 운항 및 항행 안전 시설과 관련하여 항공안전에 영향을 미치거나 미칠 우려가 있었던 것을 말한다. 항공기와 관제 기관 간 양방향 무선 통신이 두절된 경우 등 항공안전법 시행규칙 별표 20의 2에 42개 사항이 명시되어 있다.

국제민간항공기구(International Civil Aviation Organization, ICAO)

국제연합(UN) 산하의 전문 기구로, 국제민간항공협약에 따라 1947년에 발족되었다. 국제 항공 운송에 필요한 국제 표준과 권고를 개발하여 국제 민간 항공이 안전하고 질서 있게 발전하도록 도모한다.

항공사고 관련 용어

용어	설명
사고 예방 (accident prevention)	안전 위해 요인을 탐지하거나 제거 또는 회피하는 행위
안전 위해 요인(hazard)	항공기 사고, 항공기 준사고, 항공안전 장애를 발생시킬 가능성이 있거나, 그러한 발생 가능성의 확대에 영향을 미칠 수 있는 상황, 상태 또는 물적·인적 요인 등
위험도(safety risk)	안전 위해 요인이 항공안전을 저해하는 사건으로 발전할 가능성과 심각한 정도
사망 사고(fatal accident)	사망자가 발생한 사고
중상(serious injury)	골절, 내장 손상, 화상 등으로 인해 48시간 이상 입원해야 하는 부상

2) 항공사고의 특성과 원인

첨단 항공 기계·설비·장비·시스템 도입 및 체계적인 항공 산업 정책, 교육훈련 등으로 항공사고의 확률이 낮아졌으나 항공기의 대형화, 항공 여객운송 산업의 고속화 등으로 인해 항공사고는 대규모 인명 및 경제 손실을 야기하고 있다. 항공사고는 다양한 요인에 의해 발생하므로 복합적인 성격을 띠며, 다수의 사고

잠재 요인이 연관되어 직접적인 원인 규명이 어렵다는 것이 특징적이다. 항공사고의 원인을 규명하는 데에는 항공사고가 발생한 국가, 항공기 등록 국가, 정부, 관계 기관, 항공사, 항공기 제작사, 피해자 국적 등 이해관계가 복잡하게 얽혀 있어 시간이 오래 걸리지만, 그럼에도 불구하고 정확한 원인 규명이 필수 불가결하다.

항공사고가 발생하면 사고 조사를 통해 원인을 분석하고 개선 방안을 도출하여 사고 예방에 활용한다. 국제항공운송협회(International Air Transport Association, IATA)의 사고 원인 분류에 따르면 항공사고의 요인은 인적 요인(human factor), 기계적 요인(technical factor), 환경적 요인(environmental factor), 불충분(insufficient)으로 분류된다.

(1) 인적 요인

항공사고의 인적 요인은 인간의 생각이나 동작에 기인하여 다양한 결과가 나타나는 것을 의미하며, 행위자에게 작용하는 주변의 요소를 총칭한다. 인적 요인은 운항승무원의 기량이라는 인간의 능력에만 초점을 두는 것이 아니라 경영 관리자, 지상 근무자, 항공기 탑승 근무자, 항공 정비사, 운항 관리자 등 항공 산업에 종사하는 모든 인력을 포함하는 개념이다. 수년간의 항공기 사고를 조사한 결과에 따르면 70~80%가 이러한 인적 요인에 기인하는 것으로 밝혀졌다.

(2) 기계적 요인

항공사고의 기계적 요인은 항공기와 시스템 자체의 결함에 의한 부작동, 오작동, 구조적 결함 등을 의미하며, 여기에는 엔진 및 유압 고장, 랜딩기어·조종 장치·자동비행 장치 등의 결함이 포함된다. 이러한 유형의 고장은 제조 결함, 유지·보수 및 정비 불량, 기계 노후·마모 등으로 인해 발생할 수 있다. 따라서 기계적 요인에 기인한 사고를 예방하려면 정기적인 점검, 유지·보수, 정비 등을 철저히 해야 한다.

최근에는 항공 산업의 기술이 발달하고 안전 의식이 고취됨에 따라 기계적 요인에 의한 사고가 점점 줄어드는 추세이다. 그러나 첨단 장비를 다루는 운항승무원의 기술적 능력이 부족할 경우 인적 요인이 사고를 불러오는 원인이 될 수도 있다.

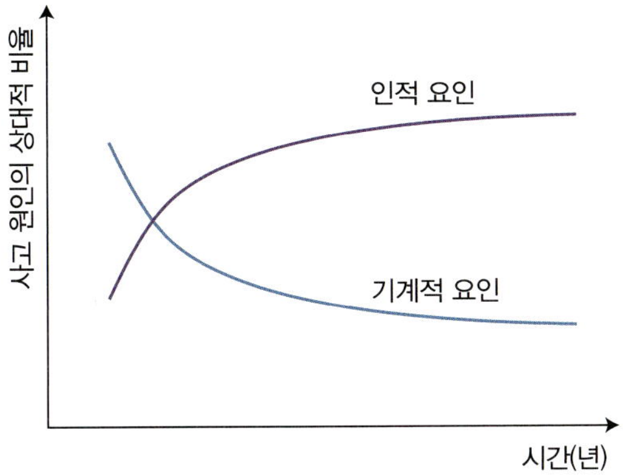

출처: ICAO(2013)

(3) 환경적 요인

항공사고의 환경적 요인은 기상, 항공 교통관제 및 통신, 공항시설, 회사 정책 및 절차, 교육·훈련, 법률·규정 등 운항승무원이 항공기를 안전하게 운항하는 데 영향을 줄 수 있는 주변의 환경적 요소를 의미한다. 항공사고는 다양한 원인이 복합적으로 연관되었을 때 발생하기 때문에 항공사고를 줄이기 위해서는 환경적 요인을 얼마나 효과적으로 잘 관리하는지가 매우 중요하다.

국제항공운송협회(International Air Transport Association, IATA)

전 세계의 수백 개 민간 항공사가 가입되어 있는 민간 기구로, 1945년에 설립되었다. 캐나다 몬트리올에 본사가 있으며, 국제선 항공 운임 등 항공사의 권익 대변, 항공운송 산업의 정책·규제 개선, 업무 표준화, 승객 편의 도모, 비용 절감 지원, 항공사 안전운항 및 효율적 운영 지원 등을 수행하고 있다.

IATA의 사고 원인 분류

사고 원인	세부 내용	
인적 요인	• 숙련도 • 절차 수행 실수 • 의도적 표준·절차 미준수	• 의사소통 • 조종사 무력화
기계적 요인	• 엔진 정지, 고장, 화재 경고 • 조종 계통 • 화재 연기 • 항공 전자 • 시스템 결함	• 랜딩기어 • 구조적 결함 • 회사 정비 보급 • 설계, 제작 • 자동비행 장치 계통 결함
환경적 요인	• 기상 • 지상 직원, 객실승무원, 승객 • 공항시설 • 항법 장비 • 보안 • 기타	• 항공 교통관제 통신 공중 충돌 • 조류 충돌 • 회사 정책 절차 훈련 • 위험물 • 법적 실수
불충분	미분류	

항공사고의 주요 원인

• 조종사의 과실	• 아이싱(기체 표면에 얼음이 끼는 현상)
• 악천후	• 항공관제탑의 실수
• 엔진 결함	• 화물기의 과적
• 정비 과실	• 기체의 구조적 결함 또는 장비 결함
• 항공기 계기 오류	• 연료 탱크 폭발

3) 항공기 사고의 현황과 발생 시점

다음 표는 지난 10년간 우리나라 항공기 사고의 원인, 기종, 사고 시 비행 단계 등을 정리한 것이다. 이러한 사고 데이터 분석은 사고의 원인을 찾아내고 예방하기 위한 근거로 활용된다. 우리나라에서 발생하는 항공기 사고는 연평균 5~8건이며, 인적 요인에 의한 사고 비율이 상대적으로 높다.

우리나라의 항공기 사고 현황

연도	발생 건수	인명 피해 (명)	사고 원인				사고 기종		비행 단계		
			조종 과실	정비 불량	기타	조사 중	운송용 (정기 항공)	기타	순항	이착륙	기타
2011	7	10	5	0	2	0	0	1	6	7	0
2012	5	1	1	2	2	0	0	2	3	4	1
2013	9	10	7	1	1	0	0	3	6	5	4
2014	3	5	3	0	0	0	0	0	3	1	2
2015	1	0	1	0	0	0	0	1	0	0	1
2016	8	9	0	2	0	0	6	1	7	3	5
2017	5	2	0	0	0	0	5	0	5	5	0
2018	3	1	0	0	0	2	3	2	1	0	1
2019	3	7	0	0	1	3	2	1	2	0	0
2020	4	3	0	0	1	2	3	1	3	2	0
2021	2	1	0	0	0	1	2	1	1	1	0
합계	50	49	17	5	7	8	21	13	37	28	14

*국내에서 발생한 외국 항공사 사고 및 국적기 준사고는 제외함
출처: 항공정보포털시스템(https://www.airportal.go.kr/index.jsp)

항공기 사고는 운항 중 언제든 발생할 수 있으나 이착륙 시 발생하는 비율이 70~80%에 달한다. 이륙하기 위해 활주를 개시한 후 약 3분, 공항에 진입하여 착륙할 때까지 8분은 사고가 발생할 가능성이 가장 큰 시간이기 때문에 'critical 11'이라고 일컫는다.

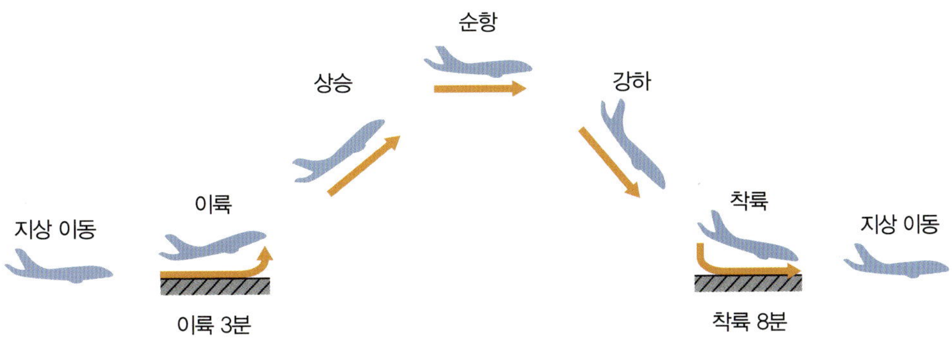

항공기 사고 발생 시점

정리해보기

1. 항공사고, 항공기 사고, 항공기 준사고, 항공안전 장애에 대해 정리하시오.

2. 항공사고를 일으키는 요인에 대해 정리하시오.

02 항공사고 예방

1) 항공사고 예방 이론[1]

(1) 하인리히 피라미드

미국의 산업 안전 선구자인 허버트 윌리엄 하인리히(Herbert William Heinrich)는 1931년에 《산업재해 예방(Industrial Accident Prevention)》이라는 책을 통해 하인리히의 법칙(Heinrich's law)을 발표했다. 그는 큰 사고가 어느 순간 갑작스럽게 발생하는 것이 아니라 그 전에 반드시 경미한 사고가 반복되는 과정이 있다는 것을 통계적으로 밝혔다. 하인리히의 법칙은 산업재해에 관한 실증적 연구 결과를 토대로 한 1:29:300 법칙으로, 중상자가 1명 발생하면 같은 원인으로 경상자가 29명, 같은 원인으로 부상을 당할 우려가 있는 잠재적 상해자가 300명이라는 것이다. 즉 위험을 방관하면 330번에 한 번은 큰 사고가 발생한다는 의미이다.

대형 사고 한 건이 발생하기 전에 동일한 원인으로 수십 차례의 경미한 사고와 수백 번의 징후가 반드시 나타난다는 하인리히의 법칙을 항공기 사고에도 적용할 수 있다. 중대 사고 한 건에 대해 7~10건의 준사고가 발생하고, 보고되지 않은 사건은 최소한 수백 건에 달한다. 그런데 보고되지 않은 사건의 경우 그 자체만으로는 인명 또는 재산상의 피해가 없어 손해를 입히지 않기 때문에 대부분이

1 항공정보포털시스템 참조

알려지지 않는다.

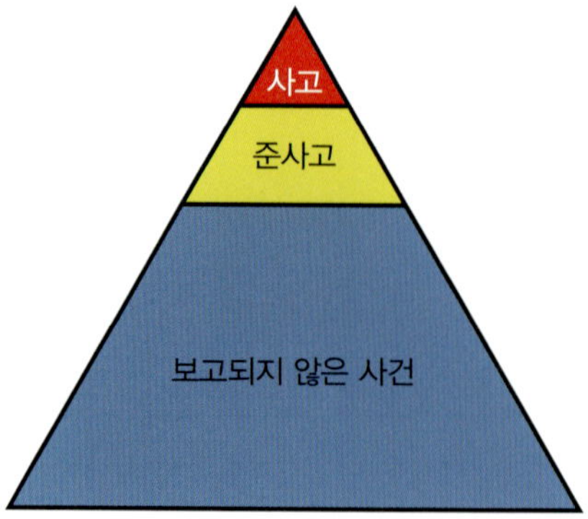

(2) SHELL 모델

KLM네덜란드항공 기장 출신인 프랭크 호킨스(Frank H. Hawkins) 박사는 엘윈 에드워드(Elwyn Edward)가 고안한 SHEL 모델을 수정하여 SHELL 모델을 개발했다. 사고와 관련된 인적 요인과 인간을 둘러싼 다양한 요소 간의 상호 작용을 나타내는 SHELL 모델은 항공 산업뿐만 아니라 다양한 산업 분야에서 재난으로부터 생명과 재산을 보호하기 위해 사용되고 있다.

항공사고에서의 SHELL 모델은 운항승무원을 중심으로 주변의 모든 요소가 항공기 운항과 직접적인 관련성이 있다는 개념이다. 다음 그림과 같이 운항승무원

- **S**(software): 항공기 운항 관련 법규, 비행 절차, 체크리스트, 컴퓨터 프로그램 등
- **H**(hardware): 운항승무원이 항공기를 운항하기 위해 조작하는 모든 장비와 장치
- **E**(environment): 주변 환경과 조종실의 조명, 습도, 온도, 기압, 소음, 시차 등
- **L**(liveware): 운항승무원
- **L**(liveware): 업무에 직접 관여하며 업무를 주도적으로 수행하는 인간관계 등

의 주변에 있는 요소는 하드웨어, 소프트웨어, 환경, 그 외 인간관계이다. 이는 운항승무원의 업무 능률과 효율성, 안전성을 확보하기 위해 운항승무원을 둘러싼 주변 요소와 상호 관련성을 최적의 상태로 유지해야 한다는 것을 나타낸다. 항공 산업에서는 이러한 SHELL 모델을 통해 항공사고에서 인적 요소가 사건 및 사고에 어떻게 영향을 미치는지 이해하고 예방 조치를 개발하고자 한다.

SHELL 모델에서 운항승무원과 주변 요소의 상관관계는 다음과 같다.

- **L-L(운항승무원과 관계자들)**: 운항승무원의 안전운항을 위한 관제사, 정비사, 객실승무원, 승객과의 유기적 관계 유지 및 의사소통 등을 의미한다. 단순히 좋은 것이 좋다는 식의 수용은 원활한 의사소통이 아니며, 정확한 정보를 공유하고 이를 제대로 주고받았는지 서로 확인해야 한다.
- **L-H(운항승무원과 하드웨어)**: 운항승무원의 안전운항을 위해 지원되는 모든 장비, 설비, 시스템 등을 의미한다. 인체의 특성을 고려한 조종석, 안전운항의 효율성을 고려한 제어 장치 위치 등이 그 예이다.
- **L-S(운항승무원과 소프트웨어)**: 운항승무원의 안전운항을 위해 적용되는 규정과 절차, 매뉴얼, 체크리스트, 컴퓨터 프로그램 등을 의미한다.
- **L-E(운항승무원과 환경)**: 운항승무원의 안전운항을 위해 최적의 환경을 조성하고 관리하는 것을 의미한다.

(3) 스위스 치즈 모델

영국의 심리학자인 제임스 리즌(James Reason)은 심리학적인 측면에서 인간이 실수를 범할 수 있는 요인에 대한 시스템적 접근 방법을 제시했다. 이는 스위스 치즈 모델(Swiss cheese model)로, 1980년대에 항공사고의 원인이 인적 과실로 규명되는 경우 그 이상의 분석 작업을 행하지 않던 항공사고 조사를 조직적인 차원으로 확대해야 한다는 이론적 근거를 밝혔다.

스위스 치즈 모델을 항공기 사고에 적용하면, 항공기 사고를 예방하기 위해서는 여러 단계의 잠재적 실수를 관리해야 한다. 항공기 사고는 최종적으로 조종사의 불안전한 행동에 의해 발생하지만, 그 이면에는 사고를 유발할 수 있는 전제 조건, 불안전한 감독, 조직의 영향이 있다. 이러한 요인은 하나로 연결되어 사고의 원인으로 작용하게 된다.

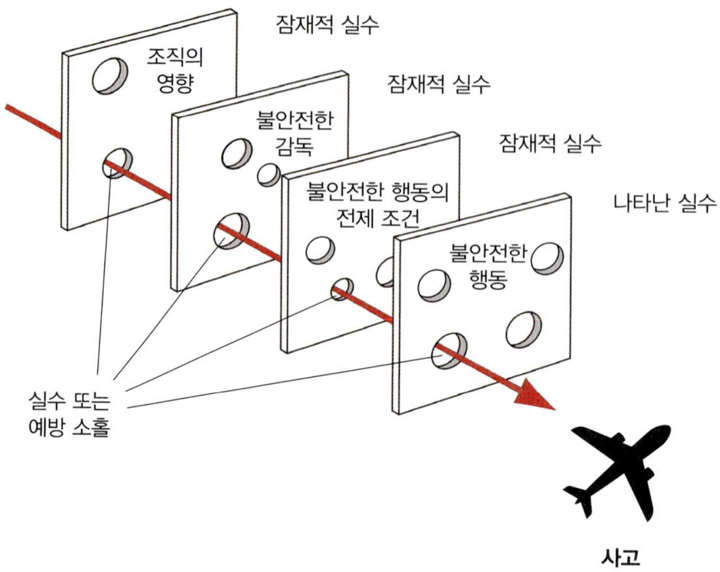

출처: ©Davidmack, CC BY-SA 3.0 〈https://creativecommons.org/licenses/by-sa/3.0〉, via Wikimedia Commons 재구성

2) 사고 예방 활동

(1) 승무원 자원 관리

승무원 자원 관리(crew resource management, CRM)는 항공사고에서 인적 오류로 발생할 수 있는 심각한 결과를 줄이기 위해 개발된 절차 및 교육 시스템이다. 항공안전을 위해 개발된 CRM은 1980년대 초반부터 주목받기 시작하여 지금까지 여러 단계를 거쳐 발전해왔다.

CRM은 '승무원'을 주체로 안전운항을 달성하기 위한 일련의 행동으로, 안전하고 효율적인 비행을 위해 가능한 한 모든 자원을 활용하는 것을 말한다. 효과적인 CRM을 위해서는 의사소통, 상황 인식, 문제 해결, 의사 결정, 팀워크를 바탕으로 항공사고 시 발생할 수 있는 다양한 문제점을 분석하고 해결 방안을 모색해야 한다.

앞서 살펴본 바와 같이 대부분의 항공사고는 인적 요인에 기인하므로 인적 요인을 잘 관리하면 사고율이 현저히 낮아질 것이다. 효과적인 CRM은 이러한 인적 요인을 관리하는 데 필요하며, 궁극적으로 CRM은 안전운항을 위한 기본 요소이자 필수 항목이다.

- **C(crew)**: 조종사, 관제사, 정비사, 객실승무원 등 비행에 관련된 사람들
- **R(resource)**: 비행에 관련된 사람들에게 도움이 되는 가치 있는 모든 것
- **M(management)**: 상황에 대한 관리

(2) IOSA 안전 평가 제도

국제 항공안전 평가 제도인 IOSA(IATA Operational Safety Audit)는 IATA의 감사 프로그램으로, 국제적으로 인증된 기준(ICAO, FAR, JAR 등)을 바탕으로 항공사의 운항 관리 및 통제를 평가한다. IOSA 인증을 얻으려면 IATA가 인가한 전문 평가 기관으로부터 조직 관리, 운항, 정비, 객실, 운송 및 지상 조업 관리, 화물 및 항공 보안 등 8개 분야의 총 914개 항목에 대해 안전 평가를 받아야 한다. 이를 통과해야 IOSA 인증 항공사로 등록될 수 있으며, 기준을 충족하지 못한 항목의 경우 개선 조치 후 다시 인증을 받아야 한다. 대한항공은 2005년에 국내 최초로 IOSA 인증을 받았으며, 이후 그 밖의 국내 항공사가 인증을 받았다.

3) 항공사고 조사

(1) 관련 법령

국제민간항공협약 제26조 및 그 부속서 13에는 협약 체약국의 항공사고 조사 책임과 권리, 사고 조사 기관 및 조사 참여 단체, 사고 조사 절차, 조사 분야 및

방법 등에 대한 기준과 권고 사항이 규정되어 있다. 또한 우리나라는 국내법인 '항공·철도 사고 조사에 관한 법률'에 따라 항공·철도사고조사위원회가 사고 조사 및 원인 규명을 맡는다. 이는 사고의 원인을 명확히 규명하여 향후 유사한 사고가 재발하는 것을 방지하고, 더 나아가 인명과 재산을 보호함으로써 국민의 삶의 질을 향상하는 것이 그 목적이다.

항공 지식

항공·철도사고조사위원회는 어떤 일을 할까?

항공·철도사고조사위원회는 항공사고조사관 약 9명을 포함하여 각 분야의 전문가들로 구성된다. 항공사고가 발생하면 항공·철도사고조사위원회는 사고 현장에서 수습된 희생자, 항공기 파편 등을 바탕으로 일차적 사고 원인을 분석하고, 사고와 직간접적으로 관련된 관계자들의 구두 및 서면 증언을 수집한다. 또한 사고 전후의 상황을 최대한 파악하고 블랙박스 해독 등을 통해 원인을 규명하는데, 보통은 4개월에서 2년 정도의 기간이 소요된다.

(2) 항공사고 조사 절차

항공사고가 발생하면 기본적으로 해당 영토가 속한 국가에 사고 조사의 권리와 의무가 있다. 해당 국가는 사고 조사국으로서 ICAO와 항공기 등록 국가, 사망자 국가 등 관련 국가에 통보하고 조사위원회를 꾸려 사고 조사 보고서를 준비한다. 항공사고 조사 절차는 다음과 같이 9단계로 이루어진다.[2]

① 사고 현장 초동 조치(수색 구조, 잔해 조사, 증거 보존 등)
② 현장 조사
③ 분야별 정밀 조사
④ (초동) 조사 보고서 작성
⑤ 기술 검토 회의
⑥ 최종 보고서 작성

2 이슈와 논점 제689호, 2013년 7월 18일

⑦ 관련 국가 의견 수렴

⑧ 위원회 심의

⑨ 조사 결과 발표 등

항공 지식

블랙박스란?

항공기 사고가 발생했을 때 블랙박스(black box)에 기록된 정보를 통해 사고 원인을 규명하므로 블랙박스는 매우 중요한 장비이다. 블랙박스라는 명칭 때문에 검은색 상자라고 생각할 수 있으나 사고 현장에서 눈에 잘 띄도록 주황색으로 도색되고, 크기는 보통 60×15×20cm, 무게는 약 13kg이다.

블랙박스는 비행 자료 기록 장치(flight data recorder, FDR)와 조종실 음성 기록 장치(cockpit voice recorder, CVR)로 구성되며, 비행 상태와 조종실 내 기장의 대화, 관제사와의 교신을 기록한다. 그리고 항공기 추락 시의 충격, 화재, 해수 압력 등을 견딜 수 있도록 내충격, 내열성, 내수성이 높게 제작된다. 항공기가 바다에 추락하는 경우 수심 약 100m의 압력에서도 견딜 수 있고, 화재가 발생하는 경우 1,300℃에서도 견딜 수 있다. 또한 사고 후 일정 시간 동안 신호를 보내 사고 위치를 알려줄 수 있도록 발신기가 내장되어 있다.

Win McNamee/Getty Images News via Getty Images

4) 항공사고 보고 제도[3]

(1) 항공안전 의무보고 제도

항공안전 의무보고 제도는 항공 산업 현장의 잠재적 위험 요인을 사전에 발굴하여 통계적·과학적 분석과 대응을 통해 사고를 예방하기 위해 마련된 것이다. 이 제도에 따르면 항공기 사고, 항공기 준사고 또는 항공안전 장애를 발생시키거나 발생한 것을 알게 된 항공 종사자 등 관계인은 그 사실을 알게 된 즉시(알게 된 시점으로부터 72시간 이내) 정부에 보고해야 한다. 이를 통해 중대한 물적·인

3 TS한국교통안전공단 홈페이지 참조

적 피해가 발생한 사고, 준사고는 물론이고 항공안전에 영향을 미칠 수 있는 장애 사항에 대한 정보를 수집하여 안전 동향을 분석하고 안전 대책의 수립에 활용한다.

(2) 항공안전 자율보고 제도

항공안전을 저해하거나 저해할 우려가 있는 사건, 상태 또는 상황을 자율적으로 보고하게 하여 개선 방안을 마련함으로써 항공안전 사고를 사전에 예방하기 위한 제도이다. 조종사, 관제사, 정비사, 객실승무원 등 항공 분야 종사자가 업무를 수행하는 과정 또는 항공교통 이용자가 항공기를 이용하는 과정에서 항공안전을 저해하거나 저해할 우려가 있는 사건, 상태 또는 상황이 발생했을 때 제도 운영 기관에 보고하며, 보고자의 비밀 보장을 원칙으로 한다. 해당 기관은 이를 종합적·전문적으로 분석한 후 내용을 일반화하여 항공 관련 기관 및 단체에 전파한다.

(3) 항공보안 자율신고 제도

항공보안 자율신고 제도는 항공보안을 저해하는 사건, 상황, 상태 등에 관한 보안 위험 정보를 수집하여 개선 방안을 마련함으로써 항공보안 사고를 사전에 예방하기 위한 제도이다. 승객, 승무원, 공항 운영자, 항공운송 사업자, 항공기 취급 업체, 항공기 정비 업체, 공항 상주 업체, 항공보안 업무 종사자 등 항공보안을 해치거나 해칠 우려가 있는 사항이 발생했거나 발생한 것을 안 사람 또는 발생될 것이 예상된다고 판단하는 사람은 누구든지 제도 운영 기관에 신고할 수 있으며, 신고자의 비밀 보장을 원칙으로 한다. 해당 기관은 신고 내용을 분석하며, 긴급하고 중요한 보안 위험을 찾아냈을 때는 관계 기관에 통보하고 개선 방안을 마련한다.

항공안전 의무 보고서(Aviation Safety Mandatory Report)

<table>
<tr><td>보고 구분
(Category of Occurrence)</td><td colspan="4">[ ] 항공기 사고 (Accident) [ ] 항공기 준사고 (Serious Incident) [ ] 항공안전 장애 (Incident)</td></tr>
<tr><td>분야 구분
(Fields)</td><td colspan="4">[ ] 항공기 운항 (Flight Operation) [ ] 항공기 정비 (Maintenance) [ ] 항공 교통관제 (Air Traffic Control) [ ] 공항 항행시설 (Aerodrome and NAVAID)</td></tr>
<tr><td>발생 유형
(Type of Occurrence)</td><td colspan="4"></td></tr>
<tr><td>호출 부호
(Call Sign)</td><td colspan="2"></td><td>등록 기호
(Registration)</td><td></td></tr>
<tr><td>항공기 기종·공항·
항행 안전시설 명칭
(Type of Aircraft or Name
of Aerodrome or NAVAID)</td><td colspan="4"></td></tr>
<tr><td>발생 일시
(Date, Time)</td><td colspan="2"></td><td>발생 장소·공항
(Location or Aerodrome)</td><td></td></tr>
<tr><td>발생 단계
(Phase of Flight)</td><td colspan="2">[ ] 정지(standing)
[ ] 푸시백/견인(push-back/towing)
[ ] 유도로 이동(taxi)
[ ] 이륙(take-off)
[ ] 초기 상승(initial climb)
[ ] 순항(en-route)
[ ] 접근(approach)</td><td colspan="2">[ ] 착륙(landing)
[ ] 기동(maneuvering)
[ ] 비상 강하(emergency descent)
[ ] 제어 불능 상태의 고도 강하(uncontrolled descent)
[ ] 충돌 발생 후(post-impact)
[ ] 불분명(unknown)</td></tr>
<tr><td>비행 구간
(Flight Route)</td><td colspan="2"></td><td>비행 고도
(Altitude)</td><td></td></tr>
<tr><td rowspan="2">승객 수
(Number of Passengers)</td><td rowspan="2"></td><td rowspan="2">승무원 수
(Number of Crew Members)</td><td>운항승무원(Flight Crew)</td><td></td></tr>
<tr><td>객실승무원(Cabin Crew)</td><td></td></tr>
<tr><td>사망자 수
(Number of Fatalities)</td><td colspan="2"></td><td>부상자 수
(Number of Injuries)</td><td></td></tr>
<tr><td>기상(Weather)</td><td colspan="2">[ ] VMC</td><td colspan="2">[ ] IMC</td></tr>
<tr><td colspan="5">발생 개요(Description of Occurrence)</td></tr>
<tr><td>사업자의 종류
(Type of Operations)</td><td colspan="4">[ ] 국내 (Domestic Air Carrier) [ ] 국제 (International Air Carrier) [ ] 소형 (Small Commercial Air Transport Operator) [ ] 항공기 사용 사업 (Aerial Work) [ ] 기타 (Other)</td></tr>
<tr><td>보고자의 성명
(Name)</td><td colspan="2"></td><td>보고자의 연락처
(Telephone)</td><td></td></tr>
</table>

「항공안전법」 제59조 제1항, 제62조 제5항 및 같은 법 시행규칙 제134조 제1항에 따라 항공기 사고 등을 위와 같이 보고합니다.(In accordance with Paragraph 1, Article 59 and Paragraph 5, Article 62 of the Aviation Safety Act and Paragraph 1, Article 134 of the Ministerial Regulation of Aviation Safety Act, I hereby report the occurrence of mandatory reporting items as described above.)

년 월 일

Date:______/______/______ (YYYY/MM/DD)

보고자 (Name) (서명 또는 인) (Signature)

국토교통부장관 또는 지방항공청장 귀하

(Attention: Minister of Ministry of Land, Infrastructure and Transport or Administrator of Regional Aviation Administration)

항공안전 자율 보고서(Aviation Safety Voluntary Report)

보고 분야 구분 (Fields)	[ ] 운항 (Flight Operation) [ ] 객실 (Cabin Operation)	[ ] 관제 (Air Traffic Control) [ ] 지상 조업 (Ground Handling)	[ ] 정비 (Maintenance) [ ] 기타 (Others:_______________)
직책 (Function)		직책 근무 연수 (Years at Function)	
소지 자격 (Qualification/Ratings)			
호출 부호 (Call Sign)		등록 기호 (Registration)	
항공기 기종 또는 공항·항행시설 명칭 (Type of Aircraft or Name of Aerodrome or NAVAID)			
발생 일시 (Date, Time)	년/ 월/ 일/ 시: 분 (YYYY/MM/DD/hh:mm)	발생 장소 또는 공항 (Location or Aerodrome)	
발생 단계 (Phase of Flight)	[ ] 정지(standing) [ ] 푸시백/견인(push-back/towing) [ ] 유도로 이동(taxi) [ ] 이륙(take-off) [ ] 초기 상승(initial climb) [ ] 순항(en-route) [ ] 접근(approach)	[ ] 착륙(landing) [ ] 기동(maneuvering) [ ] 비상 강하(emergency descent) [ ] 제어 불능 상태의 고도 강하(uncontrolled descent) [ ] 충돌 발생 후(post-impact) [ ] 불분명(unknown)	
비행 구간 (Flight Route)		비행 고도 (Altitude)	
기상 (Weather)			
승객 수 (Number of Passengers)		승무원 수 (Number of Crew Members)	운항승무원(Flight Crew): 객실승무원(Cabin Crew):

사건/상황 기술 ※ 상황, 사건 발생 경위 및 내용, 원인, 조치 사항 등을 되도록 구체적으로 적어주십시오.
(Description of Event/Situations. ※ Please describe the details of the event or situation, causes, and actions.)

「항공안전법」 제61조 제1항 및 같은 법 시행규칙 제135조 제1항에 따라 항공안전 자율 보고 사항을 위와 같이 보고합니다.(In accordance with the Article 61 of the Aviation Safety Act and the Article 135 of the Ministerial Regulation of Aviation Safety Act, I hereby report the occurrence of voluntary reporting items as described above.)

년 월 일
Date:_______/_______/_______ (YYYY/MM/DD)

한국교통안전공단 이사장 귀하
(Attention: President of Korea Transportation Safety Authority)

항공보안 자율 신고서

※ 색상이 어두운 란은 신청인이 적지 않습니다.

<table>
<tr><td colspan="3">접수번호</td><td>접수일</td></tr>
<tr><td rowspan="2">신고자</td><td colspan="2">성명</td><td>전화번호</td></tr>
<tr><td colspan="2">주소</td><td>이메일 주소</td></tr>
<tr><td rowspan="2">신고자 정보</td><td>소속</td><td colspan="2">[ ] 공항 운영자 [ ] 항공운송 사업자 [ ] 항공기 취급업체
[ ] 공항 상주업체 [ ] 승객 [ ] 기타</td></tr>
<tr><td>업무 분야</td><td colspan="2"></td></tr>
<tr><td rowspan="2">발생 일시 및 장소(공항)</td><td colspan="2">년 월 일 | [ ] 오전
[ ] 오후</td><td>시 분</td></tr>
<tr><td>장소(공항)</td><td colspan="2"></td></tr>
</table>

상황 기술 ※ *상황 개요, 위해 요인 및 개선 방안 등을 구체적으로 기술해주시기 바랍니다.*

「항공보안법」 제33조의2 및 같은 법 시행규칙 제19조의2 제2항에 따라 위와 같이 항공보안 자율 신고서를 제출합니다.

년 월 일

신청인 성명 (서명 또는 인)

교통안전공단 이사장 귀하

정리해보기

1. 항공사고 사례를 조사하고 스위스 치즈 모델을 적용하여 사고 원인을 분석하시오.

2. 항공사고 보고 제도를 활성화하기 위한 방안을 생각해보고 정리하시오.

CHAPTER **2**

기내 화재 발생 시 대응 조치

CABIN FIRE

항공기 화재는 항공기 전소, 비행 중단, 회항 등의 2차 비상 상황을 초래하는 사고 요인 중 하나이다. 모든 기내 화재가 승객의 비상 탈출로 이어지는 것은 아니지만, 초기에 적절하게 진압하지 않으면 대형 사고로 확대될 수 있다. 이 장에서는 항공기 화재 사례, 화재 발생 원리, 화재 진압 장비, 화재 진압 절차의 기본 지식을 익히고 화재 진압에 대응하는 절차와 장비를 다루는 방법을 실습해본다.

학습 목표

- 화재 발생의 원리와 특성을 이해하고, 사례를 통해 화재 예방의 중요성을 이해할 수 있다.
- 화재 진압 장비의 점검 요령, 사용법, 주의 사항 등을 익혀 화재를 진압할 수 있다.
- 화재 진압 절차를 실습해봄으로써 화재 발생 시 승객을 보호할 수 있다.

학습 내용

- 화재 발생의 원리
- 화재의 종류와 원인
- 소화기의 종류, 사용법, 주의 사항
- 운항승무원과 객실승무원 간의 상호 협의 및 의사소통 절차
- 화재 진압 대응 절차

01 기내 화재의 개요

항공기 화재는 동체, 엔진, 날개, 랜딩기어, 객실 내부, 화물칸 등에서 발생할 수 있어 항공기에는 화재 감지 장치, 소화 장치 등 자체 화재 예방을 위한 다양한 시스템을 갖추고 있다. 객실에서 화재가 발생하는 이유는 화장실 내 흡연, 오븐 등 전자 기기의 과부하, 리튬 이온 배터리의 화재, 벙커의 화재 등 다양하다. 객실에서의 화재는 발생 원인과 장소에 따라 진화 방법이 세분화되어 있다. 따라서 객실승무원은 화재에 대한 기본 지식을 익히고, 객실의 특성에 따라 효과적으로 화재를 진압해야 한다.

1) 기내 화재 발생 시 승무원 역할의 중요성

항공기가 운항하는 도중 기내에서 발생하는 화재는 기내 환경의 물리적인 특성상 외부의 도움을 받기 어렵고, 수많은 승객이 공중에서 고립된 상태이다. 또한 승객 좌석의 밀집도가 높아 작은 화재가 대형 사고로 이어질 수 있기 때문에 객실승무원의 초기 대응이 매우 중요하다. 한 연구에 따르면 기내 화재를 초기에 진압하지 않으면 몇 분 이내에 확산될 수 있어 치명적이다.

Muhammed Enes Yildirim/Anadolu Agency via Getty Images

Muhammed Enes Yildirim/Anadolu Agency via Getty Images

생각해보기 기내에서 화재가 발생했을 때 승무원의 역할이 왜 중요한가?

2) 화재 사례

(1) 사례 1

참고영상

1983년 6월 2일, 미국 댈러스를 출발하여 캐나다 토론토를 경유하고 몬트리올로 향하던 에어캐나다 797편에 화재가 발생하여 신시내티/노던켄터키 국제공항에 비상 착륙했다. 비행 중 조종사들은 알 수 없는 폭발 소리를 들었고, 곧 후미 화장실의 회로 차단기가 작동한 것을 알아챘다. 그러나 기장은 화장실을 너무 많이 사용하는 바람에 생긴 일인 줄 알고 기다렸다. 곧 다시 회로 차단기가 작동했고, 객실승무원으로부터 화장실에서 연기와 이상한 냄새가 나서 소화기를 분사했다는 보고를 받고서야 화재임을 인식하고 비상 착륙을 시도했다. 이 사고로 인해 탑승객 46명(승무원 5명 포함) 중 승객 23명이 사망했다. 정확한 사고 원인은 밝혀지지 않았으나, 추후 미국연방교통안전위원회(National Transportation Safety

Board, NTSB)의 조사 결과에 따르면 화재가 발생한 뒤 즉시 하강하지 않은 기장의 책임이 일부 있는 것으로 결론이 났다.

(2) 사례 2

2005년 5월, 승객 231명과 승무원 16명을 태우고 홍콩 국제공항을 이륙하여 캐나다 밴쿠버로 향하던 에어캐나다 여객기가 기내 화재로 40분 만에 홍콩으로 회항하는 일이 발생했다. 객실에서 누전으로 연기가 발생했으나 다행히 부상자는 없었다.

(3) 사례 3

2006년 2월 8일, UPS항공 소속 DC-8 화물기가 필라델피아 국제공항에 착륙하려던 도중 화재가 발생하여 비상 착륙을 하고, 지상에서 화재를 진압한 사례이다. 미국연방교통안전위원회는 화물기의 화물칸에 있던 리튬 이온 배터리에서 화재가 발생한 것을 밝혀냈고, 이후 모든 화물칸에 '자동 화재 진압 장치'를 갖추도록 미국 연방항공청(Federal Aviation Administration, FAA)에 권고했다.

(4) 사례 4

2018년 2월 25일, 중국 광저우 바이윈 국제공항에서 상하이로 가기 위해 준비하던 중국남방항공 3539편에 승객이 탑승하던 도중 갑자기 화재가 발생했다. 선반에 있던 승객의 가방에서 연기가 나서 승무원과 승객이 화재를 진압했는데, 가방 속의 리튬 이온 배터리가 화재의 원인이었다. 리튬 이온 배터리는 외부 충격과 압력에 의해 발화할 가능성이 있어 화물칸에 실을 수 없고 객실에 반입해야 한다.

(5) 사례 5

1998년 9월 2일, 미국 뉴욕에서 출발하여 스위스 제네바로 향하던 스위스항공 111편의 조종석 뒤쪽 천장에서 화재가 발생했다. 이로 인해 캐나다 핼리팩스 근처 대서양에 항공기가 추락하여 승객과 승무원 229명이 모두 숨졌다. 이륙 후 기내에서 타는 냄새가 나기 시작했고, 기장은 에어컨디션에 문제가 있다고 생각했으나 곧 조종실에서 연기와 불꽃이 일었다. 추후 사고 조사 결과, 조종석 상단 배선에서 일어난 전기 합선이 화재의 원인으로 밝혀졌다.

njene/Shutterstock.com

캐나다 핼리팩스의 추모비

정리해보기

기내 화재 사례를 조사하고 느낀 점을 정리하시오.

02 화재 발생의 원리와 유형

일상생활 중 언제든지 발생할 수 있는 화재는 그 원인과 주변 상황, 내·외부 환경에 따라 확산의 흐름이 달라진다. 따라서 화재가 발생했을 때 적절하게 대처하기 위해서는 화재의 기본 특성, 발생 원리, 유형 등을 이해해야 한다. 화재는 부주의, 전기적 결함, 관리 소홀, 불티 등에 의해 주로 발생하므로 기본적인 안전 수칙을 지키는 것이 특히 중요하다.

변화가 많은 화재 현장에서는 열의 전달, 연기의 흐름, 연소 가스 등의 특성을 이해하고 있는 경우 안전하게 대피하거나 피해를 줄이는 방법을 찾을 수 있다. 열이 전달되는 방법에는 대류, 전도, 복사가 있다. 대류는 공기가 이동하는 것을 말하며, 화재로 뜨거워진 공기는 위쪽으로 이동하므로 가능하면 불이 난 장소의 아래쪽으로 대피하는 것이 안전하다. 전도는 물질의 이동 없이 열이 전달되는 현상으로, 금속과 같은 물질은 열전달이 매우 빠르다. 특히 기내에는 열전도율이 높은 시설이 많아 유의해야 한다.

또한 화재로 인한 인명 피해는 연기에 포함된 유독성 가스를 흡입하여 발생하는 경우가 많다. 그러므로 자세를 낮추고 젖은 수건 또는 옷소매 등으로 코와 입을 막아 유독성 가스를 마시지 않도록 해야 한다. 화재는 불과 몇 분 사이에 크게 번지고, 운항 중인 항공기는 밀폐된 데다 피난로를 확보하기가 어렵기 때문에 초기 대응이 매우 중요하다.

1) 화재의 3요소

화재는 점화원(heat, 열), 산소(oxygen), 가연물(fuel, 연료)이 결합되어 발생한다. 점화원은 성냥, 라이터, 불티, 담뱃불과 같이 불을 일으키는 물질을 말하고, 가연물은 종이, 천, 유류 등 탈 수 있는 물질을 말한다. 점화원, 산소, 가연물 중 한 가지라도 충족되지 않으면 화재가 발생하지 않을 수 있다. 다시 말해 이 중 한 가지 요소라도 제거하거나 줄이면 화재를 예방하거나 진압할 수 있으며, 각 요소를 제거하여 화재를 진압하는 방법은 다음과 같다.

- 비가연성 액체, H_2O 소화기 등으로 점화원을 제거하여 화재를 진압한다.
- 산소의 흐름을 차단하거나 할론 소화기 등으로 산소를 제거하여 화재를 진압한다.
- 가연물을 차단하여 진압한다.

2) 화재의 유형

(1) A급 화재

A급 화재(Class A)는 종이, 천, 고무, 플라스틱 등 고형 물질에 의한 화재로, 기내에서는 담뱃불, 좌석 시트, 커튼, 승객 짐, 서비스 용품 등에서 이러한 화재가 발생한다. 특히 담뱃불은 기내 화재에서 가장 큰 비중을 차지하며, 기내 흡연은

화장실 등 밀폐된 공간에서 이루어지므로 이로 인한 화재의 조기 발견 및 초기 진압에 어려움이 있다. 이에 법적으로 기내 흡연이 금지되어 있으나, 객실승무원 몰래 화장실에서 담배를 피우고 쓰레기통에 담배꽁초를 버려 화재가 발생하는 경우도 있다. 담배꽁초의 불티는 몇 시간에 걸쳐 화재로 발전할 수도 있으므로 사전 예방이 필요하다.

A급 화재(일반 화재)

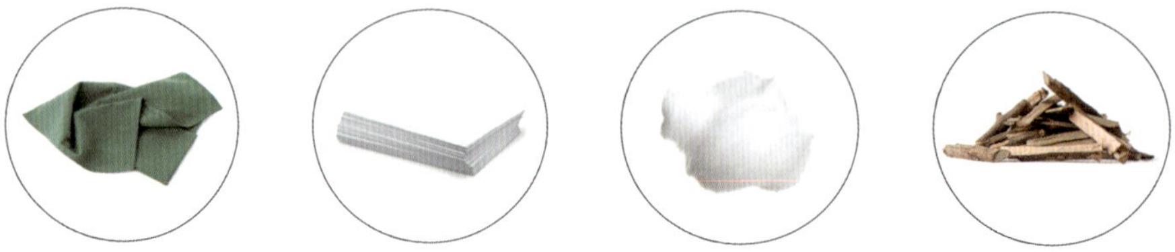

(2) B급 화재

유류 화재인 B급 화재(Class B)는 경유나 등유를 사용하는 보일러, 난로 등이 오래 켜져 있거나 과열된 상태에서 주변의 가연물에 불이 붙어 발생하는 화재이다. 기내에는 유류를 반입하지 못하지만, 항공기 동체와 날개에 연료 탱크가 있어 항공기 사고 시 연료 탱크에서 항공유가 새어나오면 유류 화재로 확산될 수 있다.

B급 화재(유류 화재)

(3) C급 화재

가장 큰 비중을 차지하는 C급 화재(Class C)는 전기 화재를 말한다. 즉 전선의 합선, 콘센트의 접촉 불량, 전기 기기의 과부하·과열, 전기 기기의 취급 부주의, 인증되지 않은 불량 전자 제품 사용 등이 그 원인이다. 특히 기내에는 좌석 비디오 시스템, 갤리의 오븐·냉장고·커피메이커, 조종실의 전자 장비 등 다양한 종류의 전기·전자 장비가 비치되고 전선이 연결되어 있으므로 합선에 더욱 유의해야 한다. 전선이 눌리거나 전선 피복이 벗겨져 서로 접촉하면 열이 발생하여 화재로 이어진다.

전기로 인한 기내 화재를 예방하기 위해 객실승무원은 노트북을 사용하거나 휴대폰을 충전하는 승객을 관찰하여 이상 징후를 확인해야 한다. 또한 오븐, 커피메이커 등의 전기 기기를 사용하지 않을 때는 반드시 전원을 끄고 사용 기준을 준수해야 한다. 그리고 콘센트 주변에 먼지가 쌓이지 않게 하고, 종이나 타기 쉬운 가연물을 주변에 두지 않으며, 젖은 손으로 전기 기기를 작동하지 않고, 전기 기기에 물이 닿지 않도록 해야 한다.

C급 화재(전기 화재)

03 화재 진압 장비

항공기에는 화재를 진압할 수 있는 장비가 다양하게 비치되어 있으며, 승무원은 화재를 신속하게 진압할 수 있도록 화재 진압 장비의 위치를 미리 파악하고 각 장비의 사용법과 사용 시 주의 사항을 익혀야 한다. 기종마다 비치되는 장비의 위치와 개수가 상이하므로 비행 전에 도해도를 보고 장비의 위치와 수량을 숙지하고, 승객 탑승 전 점검 요령에 따라 점검을 수행해야 한다.

1) H_2O 소화기

H_2O 소화기는 물을 이용하여 열을 제거하는 소화기로 A급 화재에 사용된다. 따라서 종이, 천, 고무, 플라스틱 등의 고형 물질과 리튬 이온 배터리로 인한 화재를 진압하거나 잔열을 처리하는 데 사용한다.

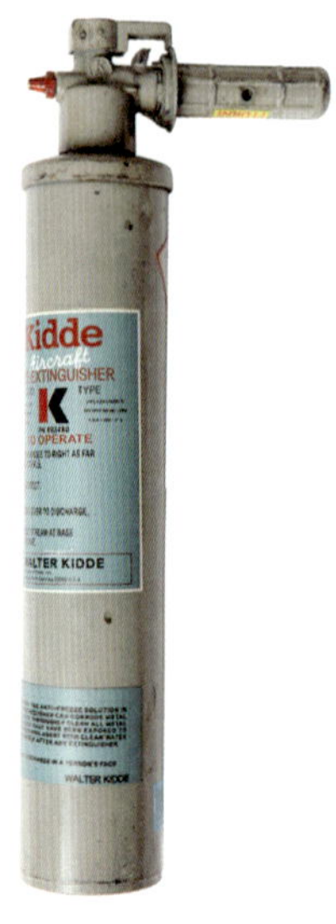

(1) 점검 요령

- 정해진 위치에 있는지 확인한다.
- 실(seal) 상태를 확인한다.

(2) 사용법

① 소화기를 꺼내어 화재의 근원을 향한다.

② 손잡이를 시계 방향으로 완전히 돌리면 손잡이 내에 있는 CO_2 카트리지에 구멍이 뚫리면서 '쉭~' 하는 소리가 난다.

③ 화재의 근원을 향해 레버를 누른다.

(3) 주의 사항

- B급, C급 화재에 사용하면 불길이 확산되거나 전자 장비에 광범위한 고장, 감전의 우려가 있으므로 B급, C급 화재에 사용하면 안 된다.
- 소화기의 소화액이 어는 것을 방지하는 부동액 성분이 첨가되어 있으므로 마시면 안 된다.
- 약 40초간 분사할 수 있다.

2) 할론 소화기

할론(halon) 소화기는 일반 화재, 유류 화재, 전기 화재 등 모든 종류의 화재에 사용할 수 있으므로, 화재의 원인을 정확히 확인하기 어려운 기내에서 활용하기에 좋다.

(1) 점검 요령

- 정해진 위치에 있는지 확인한다.
- 실(seal) 상태를 확인한다.
- 압력 게이지가 그린 밴드에 있는지 확인한다.

(2) 사용법

실습영상

① 화재 발생 지점으로부터 2~3m 거리를 유지한다.
② 실(seal)을 뜯고 안전핀을 뽑는다.
③ 소화기를 수직으로 세우고 화재의 근원을 향한다.
④ 손잡이를 누르고 좌우로 빠르게 움직이면서 분사한다.

(3) 주의 사항

- 신체에 분사할 수도 있으나 산소가 차단되므로 안면 부위는 피해야 한다.
- A급 화재를 진압할 때 분사액에 의해 불길이 번지지 않도록 주의해야 한다.
- 약 10~20초간 분사할 수 있다.

항공 지식

할론 대체 소화기

1930년에 개발된 할론 소화기는 독성이 낮고 불연성, 비부식성이라는 특성이 있어 소화제와 폭발 억제제로 사용되고 있다. 그러나 할론이 오존층을 파괴하는 물질로 밝혀짐에 따라 사용량을 줄여가는 추세이다. 이에 할론과 유사한 성능을 지닌 대체 물질을 개발하여 적용한 할론 대체 소화기(halon alternative fire extinguisher, HAFEX)가 등장하게 되었다. 기내에 비치하는 소화기도 점차 할론 대체 소화기로 대체되고 있으며, 그 사용법은 할론 소화기와 동일하다.

3) PBE

PBE(protective breathing equipment)는 기내에서 화재를 진압할 때 안면을 보호하고 호흡을 도와주는 장비이다. PBE를 착용하면 산소가 공급되어 호흡을 원활하게 할 수 있으며, 연기와 유독성 가스, 열로부터 안면이 보호되고 시야를 확보할 수 있다. PBE를 착용한 상태에서 일반적인 대화와 인터폰 사용도 가능하다. PBE는 제작사에 따라 Puritan PBE, Scott PBE, Essex PBE 등이 있으며, 기본 원리와 사용법, 주의 사항이 유사하다.

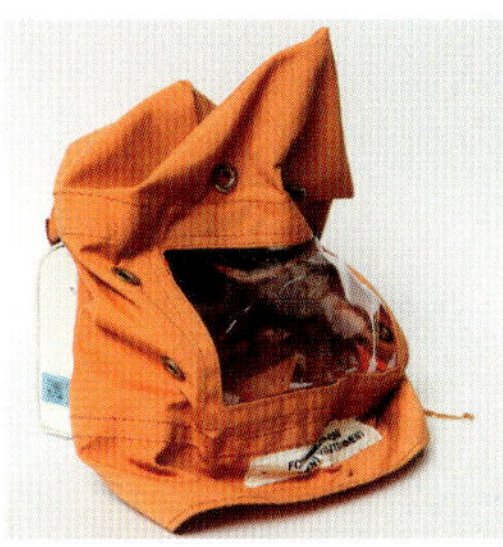

Scott PBE

Puritan PBE

Essex PBE

(1) 점검 요령

- 정해진 위치에 있는지 확인한다.
- 진공 상태인지 확인한다.

참고영상

(2) 사용법(Essex PBE)

① 포장을 뜯고 보관 상자에서 PBE 패키지를 꺼낸다.
② PBE 패키지를 개봉하여 PBE를 꺼낸다.
③ 양손으로 산소 발생 실린더를 잡고 펼친 후 neck seal을 벌려서 쓴다.
④ neck seal과 목 사이에 머리카락이나 옷 등이 끼지 않도록 주의한다.

(3) 주의 사항

- 사용 가능 시간은 약 15분이다.
- 산소 발생이 중단되면 즉시 벗는다.
- PBE를 사용하는 도중 온도가 상승하면 즉시 벗는다.
- PBE 내부에 산소가 남아 있는 경우에 대비하여 화기를 멀리한 상태에서 벗는다.

4) 화재 진압 장비 실습

<table>
<tr><td colspan="7">안전 업무 체크리스트</td></tr>
<tr><td>실습일</td><td colspan="2">년 월 일</td><td>실습 과목명</td><td colspan="3"></td></tr>
<tr><td>학번</td><td></td><td>이름</td><td></td><td>평가자</td><td colspan="2"></td></tr>
<tr><td>실습 주제</td><td colspan="6">화재 진압 장비 사용</td></tr>
<tr><td>실습 목표</td><td colspan="6">• H_2O 소화기로 화재를 진압할 수 있다.
• 할론 소화기로 화재를 진압할 수 있다.
• PBE를 착용할 수 있다.</td></tr>
<tr><td colspan="5">실습 내용</td><td>Pass</td><td>Fail</td></tr>
<tr><td colspan="5">H_2O 소화기로 화재를 진압할 수 있다.</td><td></td><td></td></tr>
<tr><td colspan="5">할론 소화기로 화재를 진압할 수 있다.</td><td></td><td></td></tr>
<tr><td colspan="5">PBE를 착용할 수 있다.</td><td></td><td></td></tr>
<tr><td colspan="7">화재 진압 장비 사용을 실습한 후 자신의 생각을 정리해봅시다.</td></tr>
</table>

04 화재 진압 절차

항공기 화재는 조종실, 화물칸, 객실 등 다양한 공간에서 발생할 수 있다. 화재를 방지하기 위해 항공기 제작 시 불화성·내화성 소재를 사용하고, 화재의 위험을 줄이기 위해 다양한 보호 조치를 하며, 화재 시에도 조종 장치와 동력 장치의 주요 기능이 몇 분간 유지되게 하는 등의 기준을 마련하고 있다. 특히 승객과 밀접한 객실 내장재, 벽면, 천정, 시트, 카펫, 좌석벨트 등은 화재 발생 시 승객의 대피 시간을 늘리고 화재 확산 및 심각성을 줄일 수 있도록 불연성·난연성 재료로 제작된다.

그러나 화재를 초기에 진압하지 못한다면 화재가 급속도로 확산될 것이다. 화재가 발생했을 때 즉각 조치를 취할 수 있도록 모든 승무원은 팀워크를 발휘하여 대응 절차를 신속하게 동시 다발적으로 수행해야 한다.

실습영상

1) 화재 진압을 위한 승무원의 역할

(1) 객실승무원의 조치

- 연기나 화재의 진원지(객실, 갤리, 화장실 등)를 찾는다.
- 긴급 비상 신호를 활용하여 상황을 전파하고 협조를 요청한다.
- 화재를 맨 먼저 발견한 승무원은 협조를 요청한 후 즉시 화재를 진압한다.

- 전체 승무원이 의사소통을 하고 승무원 간에 상호 협력한다.
- 필요한 화재 진압 장비를 조달한다.
- 운항승무원에게 화재의 진원지, 규모, 연기, 냄새 등을 상세히 보고한다.
- 승객을 통제하고 대피시킨다. 연기와 유독 가스로부터 안면과 호흡기를 보호하기 위해 호흡기가 좌석 팔걸이 정도의 높이에 있도록 자세를 낮추어 이동하게 한다.
- 승객이 화상을 입으면 응급처치를 한다. 옷이 상처에 붙었을 때는 옷을 벗기지 말고 해당 부위를 찬 물에 담가 열을 식히며, 물집이 생겼을 때는 터지지 않도록 유의한다. 패드 등을 이용하여 환부에 화상 연고를 바르고, 붕대를 느슨하게 묶어 2차 감염을 방지한다. 얼음은 상처에 큰 자극을 줄 수 있으므로 얼음을 이용한 열기 제거는 피하고, 병원으로 후송할 수 있도록 조치한다.

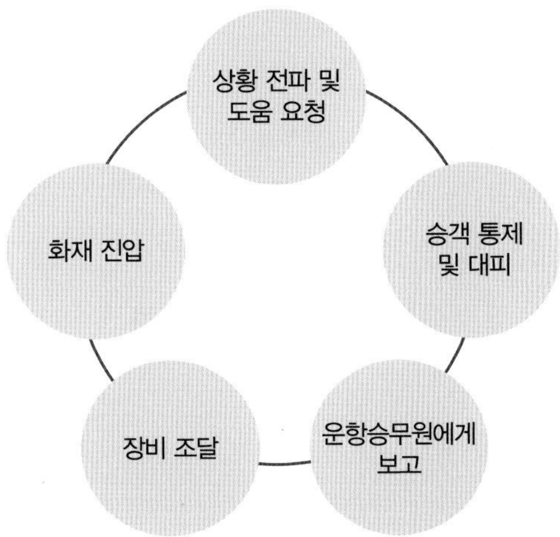

(2) 운항승무원의 조치

객실승무원에게 기내 화재를 보고받은 운항승무원은 통제 센터에 연락하여 진행 상황을 공유해야 한다. 화재의 규모, 진압 상황 등에 따라 고도를 강하하고 회항 등을 고려한다.

2) 상황별 객실승무원의 화재 진압 방법

(1) 화장실 화재 진압

실습영상

비행 중 화장실 내 스모크 디텍터(smoke detector)의 경보음이 울리거나 연기 또는 화재의 징후를 감지했을 때는 화장실에 흡연자가 있는지 확인해야 한다. 승객의 흡연으로 인해 경보음이 울렸을 때는 흡연을 중지시키고 화재 예방 조치를 취한다. 그러나 흡연자가 없음에도 경보음이 울리거나 연기 또는 화재의 징후를 감지했을 때는 화재 진압 절차를 수행해야 한다. 스모크 디텍터가 작동하면 화장실 외벽 위쪽의 'lavatory call light'가 점멸하는데, 스모크 디텍터의 센서가 민감하므로 내부에서 스프레이 등을 과다하게 분사하면 오작동하는 경우도 있다.

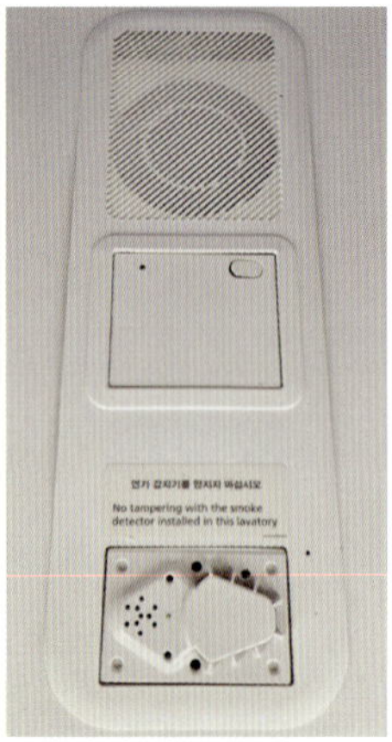

스모크 디텍터

■ **화장실에 흡연자가 있는 경우**

- 흡연으로 인해 경보음이 울렸다면 담배를 끄도록 지시한다.
- 연기를 제거하기 위해 화장실 문을 열어둔다.
- 담배꽁초의 불씨를 제거하는 등 화재 예방 조치를 취한다.
- 흡연 금지 방송을 실시한다.
- 기장에게 보고한다.
- 기내에서 흡연하는 승객은 기내 불법 방해행위자이므로 그에 따른 법적 조치가 필요하며, 이에 대해서는 5장에서 자세히 다룰 것이다.

lavatory call light

■ **화장실에 흡연자가 없는 경우**

- 화장실 문에 손등을 대어 열을 감지한다.

• 문이 뜨거우면 조금 열어 화재의 정도와 근원을 확인한다.
• 화재 진압 절차(도움 요청, 화재 진압, 기장 보고, 장비 조달, 승객 대피)를 수행한다.
• 화장실을 폐쇄한다.

실습영상

(2) 오븐 화재 진압

오븐에 화재가 발생했을 때는 전기 화재로의 확산에 유의하여 할론 소화기로 진압한다. 화재를 진압한 후 오븐의 도어를 닫아두면 산소가 차단되어 재발화 등을 예방할 수 있다.

- 화재 진압 절차(도움 요청, 화재 진압, 기장 보고, 장비 조달, 승객 대피)를 수행한다.
- 해당 오븐의 서킷 브레이커(circuit breaker)를 잡아당겨 전원을 차단한다.
- 할론 소화기를 사용한다.
- 해당 오븐의 도어를 닫는다.

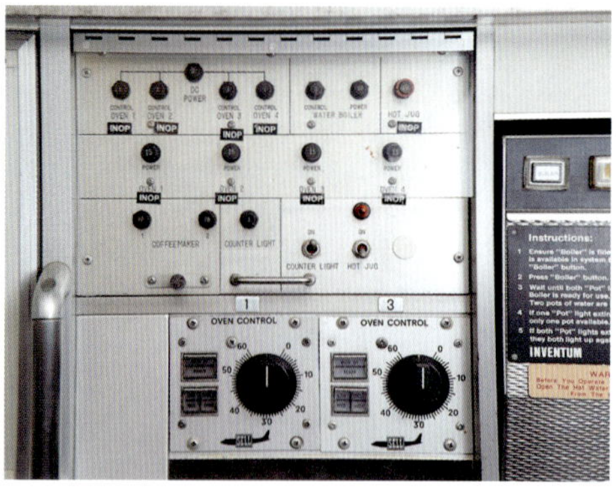

(3) 리튬 이온 배터리 화재 진압

기내에서 휴대폰, 디지털카메라, 노트북 등 리튬 이온 배터리가 포함된 전자 기기를 사용하는 승객이 많다. 따라서 최근에 빈번하게 발생하는 기내 화재는 리튬 이온 배터리에 의한 화재이다. 기내에서는 휴대폰이 좌석 사이에 끼여 압착되거나, 충전 중 또는 짐 내부에서의 마찰 등으로 리튬 이온 배터리 화재가 발생할 수 있다. 리튬 이온 배터리에 의한 화재는 배터리 내에서 가연성 가스가 폭발적으로 연소하므로 초기 진화가 쉽지 않고 연쇄 폭발 현상이 발생할 수 있어 매우 위험하다.

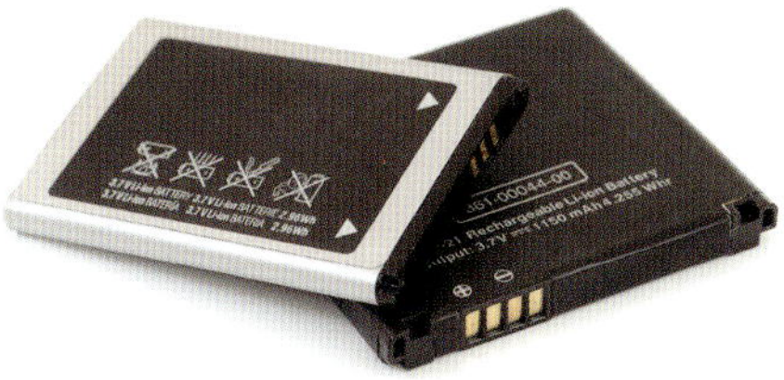

- 화재 진압 절차(도움 요청, 화재 진압, 기장 보고, 장비 조달, 승객 대피)를 수행한다.
- 할론 소화기나 H_2O 소화기를 사용한다.
- 재발화를 방지하기 위해 물이나 비알콜성 액체를 부어 열을 식힌다.
- 열을 식히기 위해 얼음을 붓거나 천 등으로 덮으면 안 된다.
- 리튬 이온 배터리가 좌석 안쪽으로 들어간 경우 좌석을 무리하게 움직이면 안 된다.
- 화재를 진압한 후 리튬 이온 배터리를 containment bag에 담아 별도로 보관한다.

containment bag

참고영상

(4) 인체 화재 진압

승객의 몸이나 옷에 불이 붙으면 그 승객뿐만 아니라 주변 승객들도 동요할 수밖에 없는데, 이럴 때는 더욱 침착하고 적극적인 대처가 필요하다. 옷에 불이 붙은 채로 달리거나 과하게 움직이면 불이 더 빠르게 확산되고, 협소한 기내 환경의 특성상 다른 곳으로 번질 우려가 크다. 또한 당황하여 옷을 벗으려고 시간을 지체하다 큰 화상을 입을 수도 있다. 따라서 객실승무원은 불이 붙은 승객이 행동을 멈추고 바닥에 엎드려 손으로 얼굴을 가린 채 구르도록 지시하는 동시에 소화기로 불을 끈다.

항공사고/준사고 사례

2023년 1월 10일, 대만 타오위안 국제공항에서 싱가포르로 떠나기 위해 활주로로 이동하던 스쿠트항공 여객기의 기내에서 배터리가 폭발하는 사고가 있었다. '펑' 하는 소리와 함께 냄새와 연기가 발생하고, 휴대폰을 가지고 있던 승객이 손에 가벼운 화상을 입었다. 그런데 배터리가 추가 폭발하여 옆 좌석에 불이 옮겨 붙었으며, 객실승무원이 재빨리 화재를 진압하여 더 이상의 피해는 없었다.

비즈니스 클래스의 승객이 좌석에 휴대폰이 낀 것을 모른 채 좌석을 뒤로 젖히고 있던 중 휴대폰이 압착되어 화재가 발생했다. 연기를 발견한 객실승무원이 즉시 진압하여 인명 피해는 없었다. 자동으로 좌석을 움직일 수 있는 클래스에서는 이처럼 휴대폰이 좌석에 끼여 압착되는 사고가 자주 발생하며, 항공사에서는 휴대폰이 좌석 사이에 빠졌을 때 좌석을 무리하게 움직이지 못하게 하는 등 리튬 이온 배터리 화재 예방에 노력을 기울이고 있다.

항공 지식

기내 화장실에는 왜 재떨이가 있을까?

기내 흡연이 법적으로 금지되기 전에는 기내 흡연으로 인한 화재가 자주 발생했다. 미국은 1971년부터 일부 좌석을 금연석으로 지정하고 2000년에는 모든 항공편의 금연을 실시했다. 우리나라에서는 1988년에 처음으로 대한항공이 일부 좌석의 금연을 실시했으며, 1995년부터 본격적으로 기내 금연이 도입되었다.

그러나 기내 화장실에는 지금도 재떨이가 설치되어 있다. 기내 금연을 시행하면서 승객 좌석의 재떨이가 모두 제거되었으나, 그럼에도 불구하고 화장실에서 몰래 흡연하는 승객이 여전히 있다. 이러한 승객이 불씨가 남아 있는 담배꽁초를 쓰레기통에 버리면 화재가 발생할 위험이 있으므로, 만약을 위해 담뱃불을 끌 수 있는 재떨이를 남겨두었다.

3) 화재 진압 절차 실습

<table>
<tr><th colspan="5">시나리오 기반 안전 업무 실습</th></tr>
<tr><td>실습일</td><td colspan="2">년 월 일</td><td>실습 과목명</td><td colspan="2"></td></tr>
<tr><td>학번</td><td></td><td>이름</td><td></td><td>평가자</td><td></td></tr>
<tr><td>실습 주제</td><td colspan="5">비행 중 기내 화재 대응 절차</td></tr>
<tr><td>실습 목표</td><td colspan="5">• 스모크 디텍터의 경보음과 관련된 상황 인식을 할 수 있는가?
• 상황에 따라 적절한 대응 조치를 취할 수 있는가?
• 상황에 따라 승무원 간에 협력할 수 있는가?
• 상황에 따라 적절히 의사소통을 할 수 있는가?</td></tr>
<tr><td>비행 단계</td><td colspan="3">순항 중</td><td>장소</td><td>화장실</td></tr>
<tr><td>CRM 스킬</td><td colspan="5">• 상황 인식
• 의사소통
• 승무원 간의 협력</td></tr>
<tr><td>상황</td><td colspan="5">식사 서비스 후 객실승무원이 객실을 순회할 때 L2 화장실에서 스모크 디텍터의 경보음이 울렸다.</td></tr>
<tr><td>조건</td><td colspan="5">• L2 화장실 주변(B존)은 만석이지만 후방인 D존에는 빈자리가 많다.
• 총 7명의 객실승무원이 근무 중이다.</td></tr>
<tr><td colspan="6">비행 중 기내 화재 대응 절차를 실습한 후 자신의 생각을 정리해봅시다.</td></tr>
</table>

정리해보기

1. 화재 발생 시의 조치를 롤 플레이 대화법으로 작성하시오.

① 상황 전파 및 협조 요청

② 운항승무원에게 상황 보고

③ 승객 통제 및 대피

2. 화재 발생의 원인에 따른 예방 요령을 정리하시오.

3. 기내에서 화재가 발생했을 때 승무원의 역할을 정리하시오.

CHAPTER **3**

감압 시 대응 조치

DECOMPRESSION

항공기는 대개 약 35,000~38,000피트(ft) 높이의 성층권에서 운항된다. 고도가 높아질수록 기압이 낮아지고 공기가 희박하여 숨을 쉴 수가 없는데, 운항 중인 기내에서 탑승자는 왜 큰 불편함을 느끼지 못하는 것일까? 기내 환경과 지상 환경의 큰 차이점 중 하나는 기압이다. 항공기가 운항 중일 때는 기내의 기압을 지상과 동일하게 1기압으로 맞출 수 없어 여압 장치를 이용하여 기내의 기압을 약 0.8기압으로 유지한다. 따라서 사람이 체감하는 고도가 약 7,000~8,000피트 수준으로 유지되는데, 이를 '비행 고도'에 대한 '객실 고도'라고 한다.

그런데 감압으로 인해 기내 환경에 변화가 생긴다면 어떻게 될까? 이 장에서는 고도와 기압의 상관관계, 감압의 원인과 현상, 산소 공급 시스템 등의 기본 지식을 익히고, 객실승무원이 취해야 할 조치를 실습해본다.

학습 목표

- 항공기 운항 시 대기 환경과 여압, 감압, 객실 고도 등을 이해할 수 있다.
- 감압이 발생했을 때의 대응 절차를 익혀 승객의 안전을 확보할 수 있다.

학습 내용

- 감압 사고 사례
- 운항 시 대기 환경, 여압, 객실 고도
- 감압의 종류와 현상
- 감압 발생 시 객실승무원의 대응 절차
- 유효 의식 시간
- 객실 산소 공급 시스템
- 저산소증, 감압증의 증상과 승객 응대

01 기내 감압의 개요

1) 기내 감압 발생 시 승무원 역할의 중요성

항공기가 높은 고도에서 운항 중일 때 갑자기 감압(decompression)이 발생하면 기내에서는 어떤 일이 벌어질까? 좌석벨트를 매지 않은 사람들이 공중으로 부양하고, 온갖 물건이 날아다니며, 산소마스크를 쓰지 못한 승객이 곧 의식을 잃고 쓰러지는 장면을 영화에서 본 적이 있을 것이다. 이는 비단 영화에서만 벌어지는 일이 아니다. 항공기의 비행 고도에 따라 다르겠지만, 사람이 유효하게 의식할 수 있는 시간은 약 30초~4분 이내이다. 따라서 기내 감압이 발생했을 때 승무원이 적절하게 대응하지 못하면 2차 사고로 이어질 수 있다.

생각해보기 기내에서 감압이 발생했을 때 승무원의 역할이 왜 중요한가?

2) 감압 사례

(1) 사례 1

2005년 8월 14일, 키프로스에서 체코 프라하로 향하던 헬리오스항공 522편이 그리스 아테네 외곽 야산에 추락하여 탑승객 121명이 모두 사망했다. 여압 장치(pressurization system)를 '자동'으로 설정하지 않은 채 운항하다 기내의 기압이 떨어져 조종사를 포함한 탑승객이 의식을 잃어 발생한 사고였다. 정비사가 여압 장치를 '수동'으로 설정하고 테스트를 한 뒤 '자동'으로 돌려놓는 것을 잊어버린 것이 사고의 원인이었다.

이륙한 후 항공기가 고도 12,000피트에 이르자 갑자기 이륙 준비 경고음과 똑같은 경고음이 울렸는데, 조종사들은 이 경고음의 원인을 찾지 못했다. 당시 보잉737은 이륙 준비 경고음과 객실 기압 경고음이 동일했기 때문이다. 결국 감압으로 조종사들이 실신하여 항공기가 추락했고, 사고 이후 보잉737에는 별도의 기압 경고 램프가 설치되었다.

(2) 사례 2

2018년 4월 17일, 사우스웨스트항공 1380편이 뉴욕 라과디아 공항에서 댈러스 러브필드 공항으로 가던 도중 펜실베이니아주 상공에서 엔진이 폭발했다. 이로 인해 엔진 파편이 튀어 창문이 깨졌고, 깨진 창문으로 기내 공기가 빠져나가 감압이 발생했다. 이때 한 승객이 창밖으로 빨려나갈 뻔했으나 주변 승객들이 붙잡아서 화를 면했다. 해당 여객기는 필라델피아 국제공항으로 회항하여 무사히 착륙했으나, 창밖으로 빨려나갈 뻔했던 승객은 파편으로 인한 과다 출혈로 숨을 거두었다. 이 사고로 승객 1명이 사망하고 7명이 경상을 입었다. 미국연방교통안전위원회의 조사에 따르면 피로 파괴(fatigue crack)로 인해 균열이 생겨 엔진 커버가 파손된 것으로 밝혀졌다.

Keith Holloway/National Transportation Safety Board via Getty Images

항공 지식

항공기 창문의 모서리는 왜 둥글까?

1952년에 런던-요하네스버그 노선을 첫 취항한 이후 항공기 사고를 세 번이나 겪은 영국 '카미트(Comet)'의 창문은 현대 항공기와 달리 직사각형이었다. 카미트의 사고 원인을 분석한 결과 네모난 창문 모서리에서 발생한 균열로 인해 동체가 파손된 것으로 밝혀졌다. 즉 재료에 반복적인 응력과 변형이 작용하여 파손되는 피로 파괴가 그 원인이었다. 한곳이 반복적으로 압력을 받으면 원래 감당할 수 있는 응력보다 낮은 응력에도 파괴될 수 있다. 1950년대 초·중반의 항공기는 창문이 직사각형이라 모서리에 응력이 집중되었고, 이 때문에 창문 주위에서부터 균열이 시작되어 동체로 퍼져나갔다. 카미트의 추락 사고 이후 항공기 제작사는 응력이 분산되도록 창문의 모서리를 둥글게 만들고 있다.

(3) 사례 3

1990년 6월 10일, 영국 버밍엄 공항을 출발하여 스페인 말라가로 향하던 영국항공 5390편이 출발한 지 2분 만에 17,000피트 상공에서 조종석 앞유리가 압력에 의해 뜯겨나갔다. 이로 인해 폭발성 감압이 발생했으며, 당시 안전벨트를 매지 않고 있던 기장이 조종실 밖으로 빨려나갔다. 그러나 다행히 다른 승무원이 재빨리 기장의 벨트와 다리를 붙잡고 버텼고, 그사이에 다른 부기장이 비상 착륙을 했다. 정비사가 조종석 유리창을 정비하면서 매뉴얼을 따르지 않고 눈대중으로 비슷해 보이는 나사를 사용한 것이 원인으로 밝혀졌다.

정리해보기

기내 감압 사례를 조사하고 느낀 점을 정리하시오.

02 항공기 운항과 환경

대기는 행성, 위성, 항성 등과 같은 우주 공간에 존재하는 기체를 총칭하며, 지구 표면을 둘러싸고 있는 기체를 지구 대기(공기, air)라고 한다. 이러한 대기 환경은 항공기 운항에 중요한 역할을 하는 요소이다. 대기 환경이 항공기 운항에 어떤 영향을 미치는지 이해하려면 먼저 대기권, 고도, 기압 등의 기본 개념을 이해해야 한다.

1) 대기권

대기권은 지구를 에워싸고 있는 공기층을 말하며, 지표면으로부터 약 1,000km까지를 이른다. 질소와 산소가 90% 이상을 차지하고 나머지는 이산화탄소, 헬륨, 아르곤 등으로 이루어졌으며, 수증기를 제외한 공기 성분은 약 100km까지 거의 일정하다. 대기권은 생명체의 호흡에 필요한 산소, 식물의 광합성에 필요한 이산화탄소를 공급하고, 온실 효과를 통해 지구의 온도를 유지하며, 유해한 자외선과 우주선을 차단하고, 운석과의 충돌을 막아주어 지구의 생명체를 보호한다. 대기권은 고도에 따라 대류권, 성층권, 중간권, 열권, 외기권으로 구분되며, 이들 사이의 경계면을 각각 대류권계면, 성층권계면, 중간권계면, 열권계면이라고 한다.

지구 대기권
1200°C
우주선
외기권
800 ~ 10,000km
위성
-86.5 ~ 1200°C
오로라
열권
100 ~ 800km
-2.5 ~ -86.5°C
유성
중간권
기상 관측 로켓
50 ~ 80km
-56.5 ~ -2.5°C
성층권
10 ~ 50km
여객기
15 ~ -56.5°C
대류권
10 ~ 18km
열기구

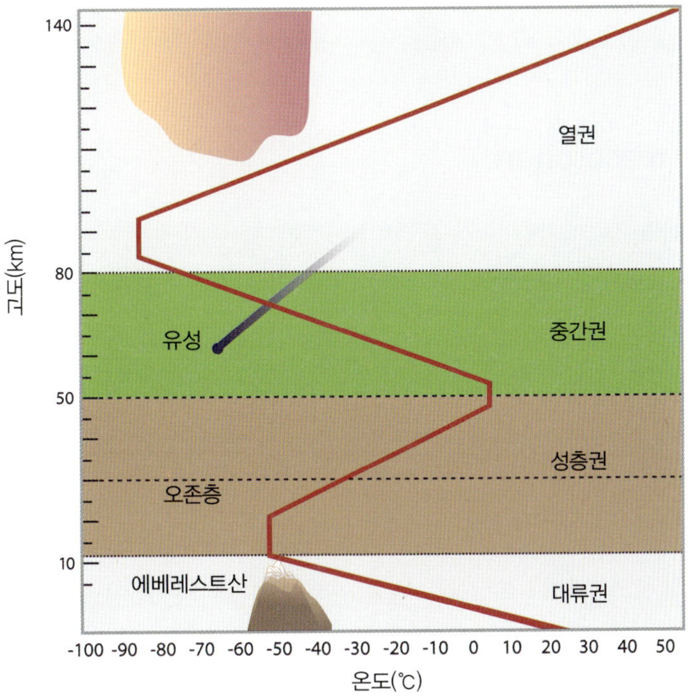
140
80
50
10
고도(km)
열권
중간권
유성
성층권
오존층
에베레스트산
대류권
-100 -90 -80 -70 -60 -50 -40 -30 -20 -10 0 10 20 30 40 50
온도(℃)

고도와 온도의 상관관계

(1) 대류권(troposphere)

대기권의 가장 아래층인 대류권은 위도와 계절에 따라 두께가 달라지지만 대체로 지표면으로부터 10~18km 정도이며, 공기가 활발한 대류를 일으켜 기상 현상이 발생한다. 대류권은 높이 올라갈수록 온도가 낮아지고, 대기가 불안정하여 대류 현상이 일어나며, 대륙과 바다의 비열 차이와 지형의 영향 등으로 바람이 매우 복잡하게 불어 난기류(turbulence)가 자주 발생한다.

(2) 성층권(stratosphere)

성층권은 대류권계면에서부터 고도 약 50km까지의 대기층으로, 대류권과 반대로 높이 올라갈수록 온도가 상승한다. 지표면으로부터 약 20~30km 지점에 있는 오존층이 자외선을 대부분 흡수하기 때문에 온도가 올라가는 것이다. 대기가 안정하여 대류 현상이 일어나지 않으므로 대류권의 최상부와 성층권의 가장 아래쪽 부분(지표면으로부터 약 10km 이상)에서 상업용 항공기의 항로가 형성된다.

(3) 중간권(mesosphere)

고도 50~80km의 대기층을 중간권이라고 한다. 중간권은 지표면으로부터 떨어져 있어 지표면에서 방출되는 복사열을 받을 수 없고, 태양과 멀어서 태양 에너지를 직접 받기도 어렵기 때문에 대기권 중에서 온도가 가장 낮다. 중간권에서는 유성과 야광운이 나타난다.

(4) 열권(thermosphere)

열권은 지표면으로부터 약 100~800km의 대기층이며, 태양열을 흡수하기 때문에 고도가 높아질수록 온도가 상승한다. 대기의 밀도가 매우 낮아서 공기 분자가 거의 충돌하지 않으며, 오로라(우주에서 지구로 유입되는 하전 입자가 고층 대기의 기체와 충돌하여 빛을 내는 현상)가 발생한다. 열권은 우주 왕복선, 우주 정거장의 궤도로 이용된다.

(5) 외기권(exosphere)

지표면으로부터 800~10,000km의 외기권은 대기층 중 최상층으로, 열권계면에서부터 외우주까지 불분명한 범위의 공간을 말한다. 공기가 거의 없고 수소, 헬륨과 같은 가벼운 원소만 존재한다. 외기권은 기술적으로 지구 대기의 일부이지만 여러 가지 면에서 우주 공간의 일부로 볼 수 있다.

2) 고도와 기압

(1) 고도와 기압의 상관관계

고도가 높을수록 공기의 밀도가 낮아지고 기압과 온도도 낮아진다. 일반인의 경우 안정 상태에서 적응할 수 있는 고도의 한계는 15,000피트(4,570m) 정도이다. 참고로 에베레스트산은 8,848m, 백두산은 2,744m이며, 1기압(1atm) = 76cmHg = 760mmHg = 1013.25hPa이다.

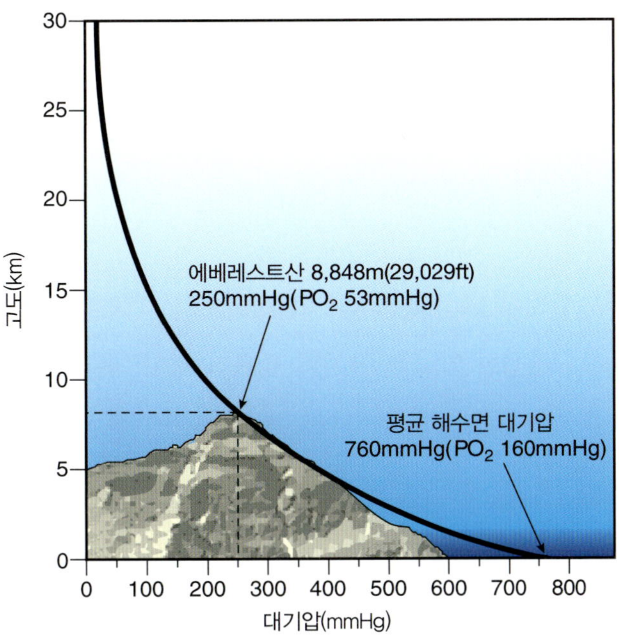

고도와 기압의 상관관계

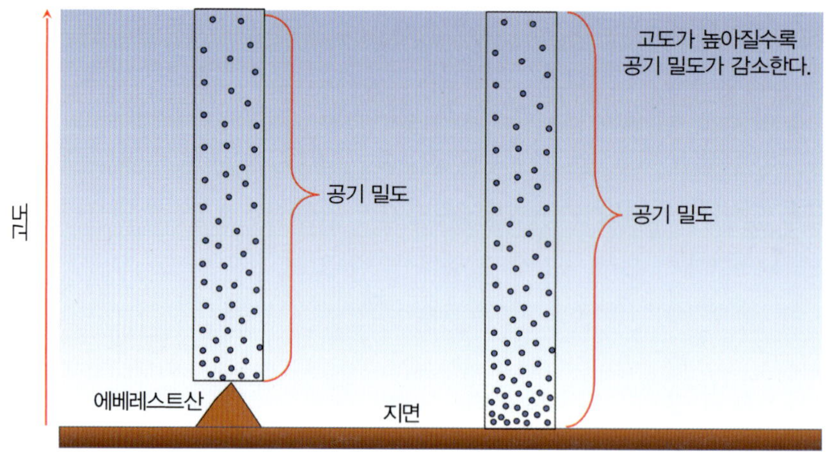

고도와 밀도의 상관관계

(2) 객실 고도

항공기가 순항하는 약 35,000피트(약 11,000m) 상공에서 사람이 생존하려면 별도의 장비가 필요하지만, 기내는 여압 장치에 의해 7,000~8,000피트(약 2,100~2,400m) 상공에 있는 것과 같은 환경이 조성된다. 여압 장치가 이와 같이 유지하는 고도를 객실 고도(cabin altitude)라고 하며, 쉽게 말해 객실 고도는 2,100m 높이의 산에 올라가 있는 것과 같은 환경이다.

(3) 기내 여압(가압)

항공기는 평균 30,000~39,000피트(약 9,000~12,000m)의 고도로 순항하며, 고도가 높아질수록 압력이 낮아지고 산소가 희박하다. 부족한 산소를 인위적으로 보충하기 위해서는 일정한 압력을 유지할 필요가 있다. 따라서 항공기에 탑승한 승객과 승무원 모두에게 안락함과 안전을 제공하기 위해 여압 장치를 사용하여 기내 고도를 7,000피트(약 2,100m) 이하로 유지한다.

이렇게 저산소·저압 환경에서 여압 장치로 기내에 압력을 가하여 산소를 보충하는 것을 기내 여압 또는 기내 가압(cabin pressurization)이라고 한다. 여압 장치는 기내의 압력을 유지 및 조절하는 장치로, 고도에 따라 적정 수준의 기내 압력을 자동으로 유지해주며, 시스템에 이상이 있을 때는 조종사가 수동으로 조절할 수도 있다. 여압 장치의 이상으로 비정상적인 상황이 발생하면 탑승객은 고막의 통증, 호흡 곤란 등을 겪게 된다.

항공사고/준사고 사례

2015년 12월 23일, 제주항공 101편이 김포공항을 이륙한 지 7분쯤 후 약 14,000피트에 도달했을 때 조종사가 여압 장치에 문제가 있음을 알아챘다. 이에 고도를 낮추었다가 다시 18,000피트로 상승했으나 여압 장치가 작동하지 않았고, 승객들이 귀 통증, 구토, 두통을 호소했다. 결국 101편은 비행 고도를 8,000피트로 조정하여 제주공항에 무사히 착륙했다. 국토교통부의 조사 결과에 따르면 조종사들이 여압 상실 시의 비상 절차를 제대로 따르지 않았고, 객실 여압 계통에 대한 이해가 부족했던 것이 원인으로 밝혀졌다. 조종사들은 이륙 전, 후, 그리고 10,000피트에서 여압 장치의 스위치가 작동되는지 확인해야 하는데 이를 수행하지 않았던 것이다.

—

2011년 7월 7일, 김포에서 제주로 향하던 제주항공 107편에서 일부 승객이 귀와 머리의 통증을 호소했다. 이륙한 지 약 6분 후 객실 여압 장치가 작동되지 않았음을 인지한 조종사는 고도 상승을 중지하고 안전한 비행 고도(10,000피트)로 비행하여 목적지에 도착했다. 추후 조사 결과 조종사들이 실수로 이륙 전 여압 장치를 작동하지 않은 것으로 밝혀졌다. 이처럼 이륙 전에 반드시 수행해야 할 절차를 소홀히 한 항공법규 위반의 경우 항공사와 조종사는 행정처분을 받게 된다.

3) 유효 의식 시간

참고영상

산소가 불충분한 환경에서 사람이 유효하게 의식할 수 있는 시간을 유효 의식 시간(time of useful consciousness, TUC)이라고 한다. 즉 유효 의식 시간은 조종사가 산소 공급이 중단되거나 산소가 부족한 환경에 노출된 후부터 효과적으로 비행 의무를 수행할 수 있는 시간을 의미한다. 이는 완전히 무의식 상태가 될 때까지 소요되는 시간을 말하는 것이 아니다.

유효 의식 시간에 가장 큰 영향을 미치는 요소는 고도이며, 높은 고도에서는 유효 의식 시간이 매우 짧아진다. 유효 의식 시간은 호흡 반응, 건강, 연령, 훈련 정도 등에 따라 개인차가 크다.

고도	유효 의식 시간
15,000피트(약 4,600m)	약 30분 이상
18,000피트(약 5,500m)	약 20~30분
25,000피트(약 8,000m)	약 4~5분
30,000피트(약 9,000m)	약 1분
35,000피트(약 10,000m)	약 30초

4) 감압의 원인 및 현상

(1) 감압의 원인과 종류

여압 장치의 고장 등으로 적정 객실 기압을 유지하지 못하고 실제 비행 고도의 기압으로 낮아지는 것을 감압이라고 한다. 비행 중 감압이 지속되어 산소가 부족해지면 승객이 의식을 잃고 사망하므로 객실 고도가 약 14,000피트에 도달하면 산소마스크가 자동으로 내려온다. 감압은 상황에 따라 완만한 감압(slow decompression)과 급격한 감압(rapid decompression)으로 구분된다.

① 완만한 감압

항공기 도어나 창문의 이음새를 통해 기내 공기가 빠져나가거나 여압 장치의 고장 등으로 인해 비행 중 기내 압력(cabin pressure)이 서서히 낮아지는 경우를 말한다.

② 급격한 감압

항공기 외벽의 손상 또는 폭발물로 인한 동체 파손 등에 의해 비행 중 기내 압력이 급격히 낮아지는 경우를 말한다.

(2) 감압 시 현상

감압이 발생하면 기내에서는 산소마스크가 내려오고, 자동 감압 방송이 실시되며, 금연 표시등과 좌석벨트 착용 표시등이 켜진다. 또한 완만한 감압과 급격한 감압에 따라 기내에서는 다음과 같은 현상이 나타난다.

① 완만한 감압

- 귀가 먹먹하다.
- '휘익~' 하는 소리가 난다.

② 급격한 감압

- 굉음이 난다.
- 객실 온도가 내려간다.
- 객실에 차가운 바람이 유입된다.
- 객실에 안개 현상이 나타난다.
- 객실에 먼지가 일어난다.
- 파편 조각이 날아다닌다.
- 귀가 막혔다 뚫린다.

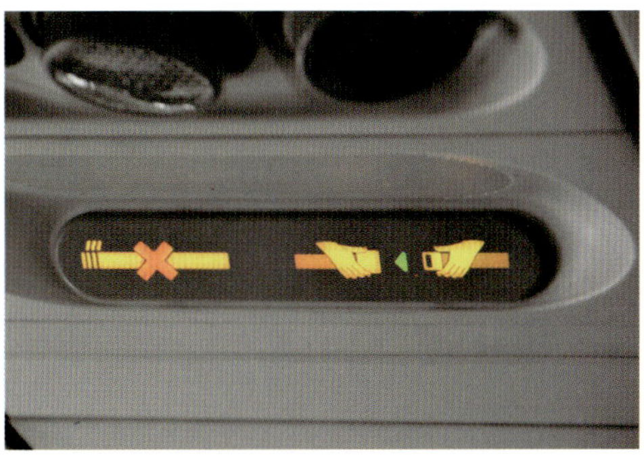

자동 감압 방송

비상 강하 중! 벨트를 매고 마스크를 잡아당겨 코와 입을 완전히 덮으십시오!
Attention, emergency descent! Fasten your seatbelt, pull the mask towards you, and put it over your nose and mouth!

실습영상

5) 감압 시 조치

감압이 발생하면 운항승무원은 즉시 조종사용 산소마스크를 착용하고, 안전 고도(약 10,000피트)에 도달하기 위해 항공기를 하강시킨다. 안전 고도는 사람이 별도의 산소 공급 장치 없이도 정상적으로 호흡할 수 있는 고도를 말한다. 하강하는 시간은 항공기의 운항 고도와 경로 등에 따라 몇 분이 걸릴 수도 있으며, 최대한 신속하게 하강하기 위해 속도와 각도를 조절한다.

감압을 감지한 객실승무원도 신속하게 대처해야 한다. 항공기의 빠른 하강 또는 동체 파손으로 인한 기체 내·외부의 압력차로부터 신체를 보호하기 위해 즉시 가까운 빈자리에 앉아 좌석벨트를 착용한다. 승무원 좌석 주변에 있다면 승무원 좌석에 앉아 좌석벨트를 매고 승객을 통제하면 좋겠지만, 승무원 좌석과 멀리 떨어져 있을 때는 무리하게 이동하지 말고 가까운 빈자리에 앉아 몸을 고정해야 한다.

산소 공급 시스템이 작동하여 산소마스크가 내려오면 즉시 산소마스크를 착용한다. 산소마스크는 승무원 좌석, 승객 좌석, 화장실, 갤리, 벙커에 장착되어 있으며, 좌석을 점유하지 않은 유아가 이용할 수 있도록 통상적으로 승객 좌석 수보다 1~2개 정도 더 많이 장착된다.

객실승무원은 산소마스크를 착용한 상태로 육성 또는 PA(public address) 시스템을 이용하여 승객에게 산소마스크를 착용하도록 지시한다. 감압은 언제든 발생할 수 있으므로 좌석벨트 및 산소마스크 착용에 대해 적절히 지시해야 한다. 특히 수면 중인 승객은 감압 상황을 인지하지 못할 수도 있어 더욱 위험하며, 화장실에서 감압을 겪은 승객은 당황하지 않고 화장실 내 산소마스크를 착용해야 한다. 벙커에도 산소마스크가 장착되어 있어 벙커에서 휴식 중인 승무원도 산소마스크와 좌석벨트를 착용할 수 있다.

아이와 함께 탑승한 승객은 대개 자신보다 아이의 안위를 우선시하여 아이에게 먼저 산소마스크를 씌우려는 경향이 있다. 그러나 이렇게 하면 자신의 산소마스크 착용 시점을 놓쳐 아이를 돌보지 못할 수도 있으므로 보호자가 먼저 착용한 뒤 아이에게 착용시키는 것이 더욱 현명한 조치이다.

항공기가 안전 고도에 도달하면 운항승무원은 안내 방송을 통해 이를 알려준다. 이후 객실승무원은 객실을 순회하며 환자 승객이 있는지, 산소마스크를 쓰지 않아 쓰러진 승객이 있는지, 객실 내부에 파손, 균열 등이 있는지를 살피고 안전 조치를 취한다.

(1) 객실승무원

- 감압이 발생하면 즉시 승무원 좌석에 앉고, 만약 승무원 좌석과 멀리 떨어져 있다면 가까운 빈자리에 앉아 좌석벨트를 착용한다.
- 먼저 산소마스크를 착용하고 육성 또는 PA를 이용하여 승객에게 산소마스크 착용을 지시한다.
- 산소마스크를 착용하는 데 방해가 되는 안경을 벗도록 지시한다.
- 유아 동반 승객의 경우 먼저 산소마스크를 착용한 후 아동의 산소마스크 착용을 돕도록 지시한다.
- 항공기가 안전 고도(약 10,000피트)에 도달하면 승객의 응급조치를 실시하고 항공기의 손상 여부 등을 확인한다.
- 객실 상황에 대한 정보를 운항승무원과 공유하고 비상 착륙 등 객실 안전 조치를 수행한다.

감압 시 명령어

벨트 매세요!(Fasten your seatbelt!)
마스크를 당겨 쓰세요!(Put on your mask!)

(2) 운항승무원

- 산소마스크를 착용한다.
- 항공기의 고도를 낮춘다.
- 비상 착륙 등 안전 조치에 대해 지상 통제 센터와 협의한다.
- 항공기가 안전 고도(약 10,000피트)에 도달하면 기장이 방송을 실시하고 객실승무원과 정보를 공유한다.

정리해보기

기내 감압 시 객실승무원이 해야 할 조치를 정리하시오.

03 산소 공급 시스템 및 장비

객실의 산소 공급 시스템은 화학반응식 개별 산소 공급 시스템(chemically generated O_2 supply system)과 탱크식 산소 공급 시스템(tank O_2 supply system)으로 구분된다. 일반적으로 항공기에는 전체 좌석 수의 10%에 해당하는 수만큼의 산소마스크가 추가로 장착되어 있다. 산소마스크는 승객 좌석, 화장실, 갤리, 승무원 좌석, 벙커에 장착되어 있으며, 고도가 약 14,000피트에 도달하면 산소 컴파트먼트가 자동으로 열리고 산소마스크가 내려온다. 그리고 분당 2리터의 산소가 약 15분간 공급된다.

1) 산소 공급 시스템

(1) 화학반응식 개별 산소 공급 시스템

- 산소마스크를 당기면 산소 발생기가 화학반응을 일으켜 산소가 공급되는 방식이다.
- 화학반응이 일어나면 도중에 중단할 수 없다.
- B777, A330, A321, B737, A220에 장착되어 있다.

(2) 탱크식 산소 공급 시스템

- 산소마스크가 내려오면 산소가 자동으로 공급되는 방식이다.
- 안전 고도에 도달하면 조종실에서 산소 공급을 중단할 수 있다.
- 객실 고도가 10,000피트에 도달하면 산소 공급이 서서히 감소한다.
- B747, A380, B787에 장착되어 있다.

2) 산소 공급 장비

POB(portable oxygen bottle)는 산소가 부족한 환자에게 산소를 제공하기 위한 산소통이다. 객실승무원은 POB가 정해진 위치에 있는지, 산소마스크와 POB 아웃렛(outlet)의 연결 상태가 정상인지, 압력 게이지가 1,600psi 이상인지 점검해야 한다.

(1) POB 사용법

① 산소마스크가 POB 아웃렛에 제대로 연결되어 있는지 확인한다.

② 산소 밸브를 열고 산소마스크에 산소가 주입되는지 확인한다.

③ 산소마스크를 환자의 코와 입에 대고 밴드로 고정한다.

④ 산소의 흐름을 확인하면서 제공한다.

⑤ POB를 좌석 하단 또는 다른 승객의 탈출에 지장을 주지 않는 공간에 끈으로 고정한다.

(2) 주의 사항

- 산소 공급량을 high/low로 조절할 수 있다.
- 산소를 전량 사용하지 않고 50~100psi 정도 남겨둔다.
- 화기 근처에서 사용하지 않는다.

정리해보기

POB로 산소를 공급하는 절차를 정리하시오.

04 감압 후 환자 승객 응대

1) 저산소증

실습영상

저산소증(hypoxia)은 혈중 산소 농도가 비정상적으로 저하된 상태로, 전신 혹은 특정 장기에 산소 공급이 적절하게 이루어지지 않는 것을 말한다. 산소가 충분히 공급되지 않으면 세포의 일부가 죽거나 뇌로 가는 산소가 부족하여 사망에 이를 수도 있다. 저산소증에 빠지면 의식을 잃거나, 판단력이 흐려지거나, 운동 실조 등이 나타날 수 있다.

(1) 증상

- 두통과 어지러움을 느낀다.
- 호흡이 빨라진다.
- 신체의 균형 감각을 상실한다.
- 깊은 잠에 빠지거나 계속 자려고 한다.
- 손톱과 입술이 파래지는 청색증이 나타난다.
- 반응 시간이 감소한다.
- 판단 장애, 시각 장애가 발생한다.
- 손가락과 발가락이 저리고 손발의 감각이 마비된다.

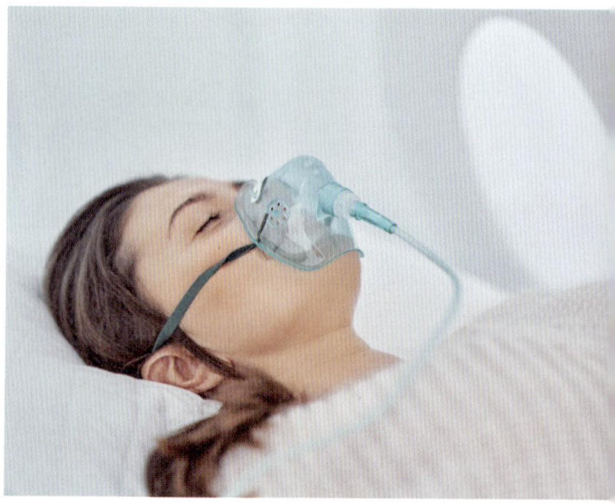

(2) 조치

- 산소를 공급한다.
- 활동을 줄이고 휴식을 취한다.

2) 감압증

기내의 기압이 급격히 변하면 체내에 있는 질소 분압이 변하면서 기포가 생성되어 통증이 나타나는데, 이를 감압증(decompression sickness)이라고 한다. 기포가 생성되는 부위에 따라 관절통, 흉통, 중추신경 장애, 피부 감각 이상 등이 나타난다.

(1) 증상

- 관절과 그 주위에 통증이 나타난다.
- 가슴이 타는 듯한 통증이 나타난다.
- 움직임이 둔해진다.
- 피부 발진, 가려움, 따끔거림 등이 나타난다.

(2) 조치

- 항공기가 강하하면 통증과 증상이 사라지므로 영향을 받은 부위가 움직이지 않도록 고정한다.
- 혈액 순환이 되도록 넥타이, 벨트 등을 느슨하게 한다.
- 좌석을 눕히고 편안하게 휴식을 취한다.

3) 감압 대응 절차 실습

<table>
<tr><td colspan="6">시나리오 기반 안전 업무 실습</td></tr>
<tr><td>실습일</td><td colspan="2">년 월 일</td><td>실습 과목명</td><td colspan="2"></td></tr>
<tr><td>학번</td><td></td><td>이름</td><td></td><td>평가자</td><td></td></tr>
<tr><td>실습 주제</td><td colspan="5">비행 중 기내 감압 대응 절차</td></tr>
<tr><td>실습 목표</td><td colspan="5">• 순항 중 갑자기 산소마스크가 낙하했을 때 상황을 인식할 수 있는가?
• 상황에 따라 적절한 대응 조치를 취할 수 있는가?
• 상황에 따라 승무원 간에 협력할 수 있는가?
• 상황에 따라 적절히 의사소통을 할 수 있는가?</td></tr>
<tr><td>비행 단계</td><td colspan="3">순항 중</td><td>장소</td><td>객실</td></tr>
<tr><td>CRM 스킬</td><td colspan="5">• 상황 인식
• 의사소통
• 승무원 간의 협력</td></tr>
<tr><td>상황</td><td colspan="5">식사 서비스 후 객실승무원이 객실을 순회할 때 산소마스크가 낙하했다.</td></tr>
<tr><td>조건</td><td colspan="5">• L2 화장실 주변(B존)은 만석이지만 후방인 D존에는 빈자리가 많다.
• 총 7명의 객실승무원이 근무 중이다.</td></tr>
<tr><td colspan="6">비행 중 기내 감압 대응 절차를 실습한 후 자신의 생각을 정리해봅시다.</td></tr>
</table>

정리해보기

1. 기내 감압 상황 이후 저산소증 승객에 대한 조치를 정리하시오.

2. 기내 감압 상황 이후 감압증 승객에 대한 조치를 정리하시오.

CHAPTER 4

비상 탈출 시 대응 조치

EMERGENCY EVACUATION

항공기 사고는 다른 교통수단에 비하여 발생 건수가 현저히 낮지만, 한 번의 사고로 많은 사람이 목숨을 잃을 수도 있어 그 심각성이 다른 교통수단보다 크다. 따라서 항공기 사고의 생존율을 높이기 위해서는 충격으로부터 승객을 보호하고, 항공기로부터 탈출시켜 환경에서 생존할 수 있도록 해야 한다. 이 장에서는 비상 탈출로 전개된 항공기 사고 사례를 살펴보고, 비상사태 시 객실 준비 절차, 비상 탈출의 기본 원칙 등을 익힌다.

학습 목표

- 운항 중 비상사태를 인식하고 대응 절차를 익힐 수 있다.
- 비상 탈출을 해야 하는 상황에서 승객의 안전을 확보할 수 있다.

학습 내용

- 비상 탈출
- 비상사태의 유형
- 비상 대응 절차
- 비상 착륙
- 비상 착수
- 비상 긴급 신호
- 비상 탈출 시 객실 준비 절차
- 충격으로부터의 생존
- 항공기에서의 탈출
- 다양한 환경에서의 생존

01 비상 탈출의 개요

항공기에서의 모든 비상 상황이 비상 탈출로 이어지는 것은 아니나 항공기에서는 언제든지 다양한 비상 상황이 발생할 수 있다. 이에 승무원은 비상 탈출 상황으로 전개될 가능성에 대비하여 정기적으로 교육훈련을 받고 있다.

'항공기에 탑승하여 비상시 승객을 탈출시키는 등 승객의 안전을 위한 업무를 수행하는 사람'으로 항공안전법에 정의되었듯이, 객실승무원은 비상 상황이 발생했을 때 승객의 생존을 위해 최선의 노력을 해야 한다. 비상 탈출 시 운항승무원과 객실승무원 간의 의사소통은 위기 상황을 극복하는 데 필수 요소이며, 신속하고 정확한 판단력, 명확한 지시, 대응 절차 등을 잘 훈련하여 체득해야 한다.

1) 비상 탈출 시 승무원 역할의 중요성

항공기 사고로 비상 탈출을 경험했던 한 객실승무원이 언론과의 인터뷰에서 다음과 같이 말했다. "매년 객실승무원으로서 정기적으로 받았던 비상 탈출 훈련이 자연스럽게 체득되어 위기 상황에서 일사분란하게 대응할 수 있었다." 이처럼 평상시에 사전 훈련을 철저히 하여 몸에 익혀두면 위기 상황이 닥치더라도 당황하지 않고 대처하는 데 큰 도움이 된다.

생각해보기 비상 탈출 시 승무원의 역할이 왜 중요한가?

2) 비상 탈출 사례

(1) 사례 1

2013년 7월 6일, 인천에서 출발한 아시아나항공 214편이 샌프란시스코 국제공항에 착륙하는 도중 활주로 앞의 방파제에 부딪히는 사고가 발생했다. 낮은 고도로 공항에 접근하다 항공기 후미 부분이 충돌하여 동체 천장부에 화재가 발생했으나 다행히 연료 탱크로 옮겨 붙지는 않았다. 미국연방교통안전위원회의 조사 결과, 운행 시스템의 결함과 조종사의 과실이 사고 원인으로 밝혀졌다. 당시에 객실승무원은 L1, L2의 슬라이드/래프트를 이용하여 승객을 탈출시켰으며, 이 사고로 탑승객 291명 중 3명이 사망하고 181명이 중경상을 입었다.

Ezra Shaw via Getty Images

(2) 사례 2

1994년 8월 10일, 김포발 제주행 대한항공 여객기가 착륙 도중 강한 돌풍을 만나 활주로를 이탈했다. 활주로를 지나쳐 150m가량 미끄러지면서 꼬리 부근의 연료통이 철제 울타리와 충돌하여 기체에 불이 붙었고, 연료탱크가 연쇄적으로 폭발하여 30여 분 만에 전소했다. 그러나 승무원들의 발 빠른 대처로 모든 승객이 무사히 대피하여 사망자가 발생하지 않았다.

(3) 사례 3

2009년 1월 15일, US에어웨이스 1549편이 버드 스트라이크(bird strike)로 허드슨강에 비상 착수했다. 해당 여객기는 뉴욕 라과디아 공항에서 출발해 노스캐롤라이나 샬럿더글러스 국제공항에 도착할 예정이었으나, 이륙한 지 2분 만에 새떼와 충돌하여 엔진 두 개가 모두 멈추었다. 조종사들은 동력을 잃은 여객기를 글라이더처럼 활공시켜 가까운 허드슨강에 착수했고, 승객 150명과 승무원 5명이 모두 탈출했다. 당시 기장은 강물이 충격을 어느 정도 흡수해주고, 주변의 배가 목격하여 구조해줄 것이며, 착륙에 실패하더라도 건물 파손, 화재, 추가적 인명 피해가 지상에 충돌할 때보다 적다는 점을 고려했다고 한다. 이는 조종사의 판단력과 침착성, 조종 능력이 매우 중요하다는 것을 보여준 사례로, '허드슨강의 기적'이라고도 불린다.

Chris McGrath via Getty Images

Mario Tama via Getty Images

정리해보기

항공사고 사례를 조사하고 느낀 점을 정리하시오.

02 비상사태의 유형

객실 비상사태(cabin emergency)는 운항 관련, 보안 관련, 기체 결함, 인적 오류, 응급 환자 등 다양한 요인으로 인해 정상적인 운항이 불가능할 때 긴급히 비상 조치를 해야 하는 상태를 말한다. 비상사태 시의 비상 탈출은 '준비된 비상 탈출'과 '준비되지 않은 비상 탈출'로 나눌 수 있으며, 도착 지점에 따라서는 비상 착륙(emergency landing)과 비상 착수(emergency ditching)로 구분된다. 비상사태의 상황은 예측하기 어렵게 급변하고, 객실승무원의 역량에 따라 승객의 생명과 안전을 확보할 수 있다. 따라서 객실승무원은 현장 상황에 대한 정확하고 신속한 판단력과 대응 능력을 길러야 한다.

1) 비상 착륙

비상 착륙은 비행 중 다양한 위해 요인으로 인해 항공기가 지상에 긴급 착륙하는 것으로, 이 과정에서 화재, 동체 파손, 활주로 이탈 등이 발생할 수 있다. 특히 항공기 날개에는 연료 탱크가 있어 화재가 발생할 위험성이 크며, 과거의 항공기 사고 사례에서도 알 수 있듯이 착륙 후 엔진에서 시작된 화재가 객실 내부로 옮겨가 사고가 확대되기도 한다.

비상 착륙 시 동체나 랜딩기어 파손, 외부 화재 등에 따라 슬라이드/래프트 사용 여부가 달라지며, 승무원은 외부 상황을 정확히 판단하여 승객을 탈출시켜야 한다. 비상 착륙의 위치가 정확히 파악된 경우에는 비상 착수 시보다 지상 구조대의 구조가 용이하기 때문에 외부의 원조를 기대할 수 있다.

(1) 동체 착륙

랜딩기어 등이 손상되어 랜딩기어를 정상적으로 펼치지 못한 채 동체로 착륙하는 경우이다. 이러한 예로, 2011년 11월 1일에 LOT폴란드항공 여객기가 비행 중 랜딩기어가 탈락되어 바르샤바 쇼팽 국제공항에서 동체 착륙을 했다. 기체에 소규모 화재가 발생했지만 승객과 승무원 모두 부상 없이 탈출했다. 이처럼 동체 착륙을 했을 때 항공기 비상구와 지면의 높이차, 외부 환경 등에 따라 슬라이드/래프트 팽창 가능 여부를 승무원이 판단하여 결정해야 한다.

WOJTEK RADWANSKI/AFP via Getty Images

동체 착륙한 LOT폴란드항공 16편

(2) 노즈기어 손상

노즈기어가 손상되면 항공기가 앞쪽으로 기울어지므로, 지면과 항공기 후미의 각도를 고려했을 때 후방 도어의 슬라이드/래프트로 탈출하기 어려울 수 있다. 만약 후방 도어의 슬라이드/래프트가 지면에 접지되지 않는다면 전방 도어의 슬라이드/래프트를 팽창시켜 탈출을 유도해야 한다.

ALAN TANGCAWAN/AFP via Getty Images

착륙 도중 노즈기어가 손상되어 활주로를 이탈한 KE631

(3) 메인 랜딩기어 손상

메인 랜딩기어가 손상되면 항공기가 뒤쪽으로 기울어지므로, 지면과 항공기 전방의 각도를 고려했을 때 전방 도어의 슬라이드/래프트로 탈출하기 어려울 수 있다. 만약 전방 도어의 슬라이드/래프트가 지면에 접지되지 않는다면 후방 도어의 슬라이드/래프트를 팽창시켜 탈출을 유도해야 한다.

PASCAL PAVANI/AFP via Getty Images

지상 테스트 중격 납벽에 충돌한 A340

2) 비상 착수

비행 중 다양한 위해 요인으로 인해 항공기가 강, 바다, 호수 등의 수면에 비정상적으로 긴급히 내리는 것을 비상 착수라고 한다. 비상 착수가 비상 착륙보다 더 안전할 것이라고 생각하는 사람들도 있으나, 항공기가 수면과 충돌할 때 물의 표면 장력, 거친 파도 등에 의한 충격으로 동체가 파손되는 경우도 있어 어느 쪽이 더 안전하다고 말할 수 없다. 또한 환경적 특성상 승객이 항공기로부터 탈출한 후 구조대가 도착할 때까지 수중에서 기다려야 할 수도 있다. 이러한 경우에는 저체온, 익사 등의 2차적 원인으로 사망할 확률이 지상의 환경보다 크다. 래프트에 탑승했다 하더라도 구조되기까지 육지와 사고 발생지 간의 거리, 기상 조건, 햇빛, 파도 등이 영향을 미칠 것이다.

비상 착수 시 승무원은 외부 상황에 따라 개방 가능한 도어를 결정하고, 슬라이드/래프트를 보트로 활용하여 승객을 탈출시켜야 한다. 그런데 항공기의 구조적 특성상 후미가 먼저 물에 잠기면 후방 도어를 사용하지 못할 수도 있다. 또한 최근에는 강이나 바다와 인접한 곳에 신규 공항이 들어서는 경우가 많아 비상 착수의 가능성이 높아졌다. 특히 항공기 사고의 70~80%가 이착륙 시 발생하기 때문에 객실승무원은 비상 착수에 대비하여 관련 지식과 업무 절차를 익히고 대응 능력을 함양해야 한다.

03 비상 탈출 시 객실 준비 절차

비상사태는 준비된 비상사태와 준비되지 않은 비상사태로 구분된다. 준비된 비상사태는 비상 상황을 인지하고 비상 탈출 시까지 '비상사태 준비 가능 시간'에 따라 충분히 준비할 수 있는 경우이고, 준비되지 않은 비상사태는 그러한 시간이 충분하지 않은 경우이다. 긴박한 순간에 승무원의 철저한 준비는 승객의 생존율을 높이는 데 지대한 영향을 미친다. 상황에 따라 시간적 여유가 달라질 수 있으므로 객실 준비 절차는 비상 대응 매뉴얼을 토대로 운항승무원과 객실사무장(리더)의 판단에 따라 가변적으로 운영될 수 있다.

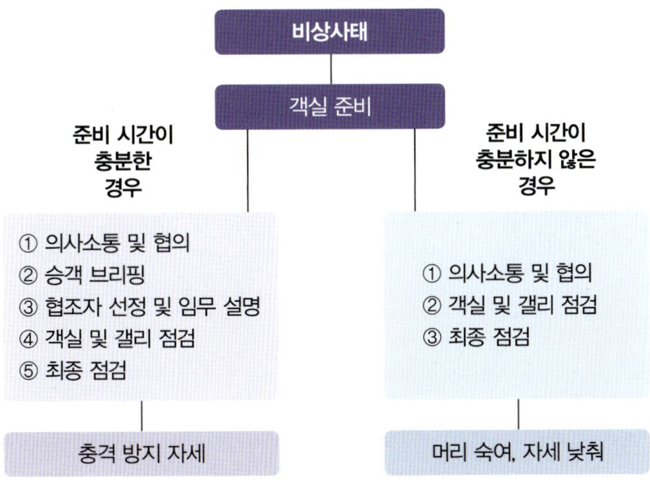

비상사태 시 객실승무원의 업무 절차 순서

1) 의사소통 및 협의

의사소통 및 협의는 비상사태에 대해 운항승무원과 객실사무장 간에, 객실사무장과 일반 객실승무원 간에 소통하는 단계이다. 이는 객실 준비를 위한 가장 기본적인 초기 단계로, 기장은 비상사태라고 인식하면 객실사무장에게 구체적인 정보를 제공한다.

이때 기장은 PA를 통해 "Purser, contact cockpit immediately"라고 방송하고, 객실사무장은 즉시 기장에게 연락을 취한다. 인터폰으로 정보를 전달하면 의사소통의 오류가 발생할 수 있으므로 가급적 기장은 객실사무장을 조종실로 호출하여 대면으로 브리핑한다. 기장은 비상사태의 유형(착륙/착수), 원인, 준비 가능 시간, 충격 방지 자세 신호 및 신호자, 비상 탈출 신호 및 신호자 등을 구체적으로 제공하고 객실사무장은 의문 사항을 질문하여 정확한 의사소통이 이루어져야 한다.

기장과의 의사소통 및 협의를 마친 객실사무장은 일반 객실승무원에게 해당 내용을 브리핑하고 객실 준비 절차를 협의한다. 효과적인 대면 브리핑을 위해 모든 객실승무원을 호출하는데, 이때 '긴급 비상 신호'를 사용할 수 있다. 객실사무장의 호출을 받은 객실승무원은 하던 일을 멈추고 즉시 집결하며, 객실사무장은 기장에게 전달받은 정보를 객실승무원에게 알려주고 매뉴얼을 토대로 객실 준비 절차에 대한 브리핑을 추가로 한다. 정확한 의사소통 및 협의를 위해 객실승무원은 전달받은 정보가 모호하거나 이해되지 않으면 질문을 하고, 객실사무장은 객실승무원이 충분히 이해했는지 질문을 통해 확인할 필요가 있다. 아직 승객에게 정보를 공유하지 않은 상태이므로 승객이 동요하지 않도록 의사소통 및 협의가 이루어져야 한다.

2) 승객 브리핑

승무원 간의 의사소통 및 협의를 마친 후 객실승무원은 승객에게 비상사태 관련 정보를 제공하는 승객 브리핑(직접 시범 및 기본 사항 안내)을 수행한다. 승객 브리핑은 비상사태에서의 생존을 높이기 위해 승객이 지켜야 할 '객실 준비 절차'이다. 승객 브리핑은 객실승무원이 승객에게 직접 시범을 보이거나 기본 사항을 안내하는 형태로 이루어진다. 이때 승객이 두려움과 공포로 혼란에 빠질 수 있으나 객실승무원은 단호하고 믿음직한 모습으로 승객에게 심리적 안정감을 주어야 한다. 승객 브리핑은 승객의 비상 탈출 성공 여부에 큰 영향을 미치므로 모든 승객이 집중할 수 있도록 효과적으로 안내해야 한다.

객실사무장은 정해진 위치에서 '준비된 비상사태 시 안내 방송'을 실시하고, 객실승무원은 담당 구역에서 객실사무장의 방송에 따라 승객 브리핑을 수행한다. 객실사무장은 잔여 시간, 승객 수, 비상사태의 유형, 항공기의 특성 등을 고려하여 업무의 중요도에 따라 '준비된 비상사태 시 안내 방송'의 내용을 취사선택할 수 있다. 안내 방송은 항목별로 차례대로 실시하는데, 예를 들어 '좌석벨트 착용'을 브리핑한 후 '구명복 안내', '충격 방지 자세', '비상 탈출구 위치 안내' 등을 순차적으로 브리핑하면 된다.

객실승무원은 담당 구역의 승객에게 브리핑을 완료한 뒤, 다음 단계로 넘어갈 수 있도록 업무 수행 완료에 대해 객실사무장에게 보고해야 한다. 이때 수신호를 이용하여 객실 최후방에서 전방의 객실사무장에게 보고하며, R 사이드에서 L 사이드, L 사이드 객실 후방에서 전방으로 수신호를 전달한다.

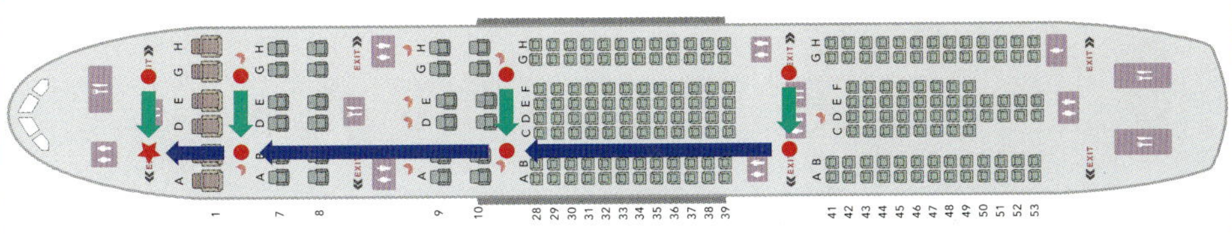

★ 객실사무장 위치 ● 객실승무원 위치

또한 객실승무원은 승객에게 다음과 같은 사항을 안내한다.

- 등받이와 테이블을 세워 탈출에 방해가 되지 않게 한다.
- 위해 물품을 제거하여 안전한 곳에 보관하도록 안내한다. 하이힐과 같이 뾰족하거나 날카로운 물건을 앞좌석에 보관하면 항공기 충격 시 승객의 몸이 앞으로 쏠릴 때 다칠 수 있으므로 선반에 보관한다. 안경은 벗어서 안주머니 등에 보관했다가 탈출 시 착용하는 것이 안전하며, 스카프나 넥타이와 같이 느슨해지거나 탈출 시 걸릴 수 있는 의류는 풀어서 별도로 보관한다.
- 비상 착수의 경우 구명복(구명조끼)을 꺼내 입도록 안내한다. 기내에서 구명복을 부풀리지 않고 탈출 직전에 도어 앞에서 승무원의 지시에 따라 부풀리도록 해야 한다.
- 좌석벨트를 착용하고 푸는 방법을 안내한다. 한 사고 조사에 따르면 항공기 충격 시 살아남았으나 좌석벨트를 풀지 못하여 사망한 경우가 있다. 실제 사고에서 생존한 승객도 좌석벨트를 풀기가 어려웠다고 인터뷰에서 밝혔다. 평상시에는 좌석벨트를 쉽게 풀 수 있더라도 당황하면 좌석벨트를 푸는 데 어려움이 있으며, 특히 고령자와 아동은 집중적인 안내가 필요하다. 또한 좌석벨트를 언제 풀어야 하는지도 알려주어야 한다. 항공기 충돌 후 좌석벨트를 풀지도 않은 채 좌석에서 탈출하려고 할 수도 있으므로, "벨트 풀어"라는 객

ChameleonsEye/Shutterstock.com

Sergey Smolentsev/Shutterstock.com

실승무원의 지시를 들으면 좌석벨트를 풀고 나올 수 있도록 안내해야 한다.

- 항공기 충격 시 위해를 입히거나 탈출에 방해가 될 수 있으므로 수하물을 선반에 보관하도록 안내한다.
- 충격을 최소화할 수 있도록 충격 방지 자세를 취하게 한다. 충격 방지 자세는 좌석의 형태에 따라 다르다.
- 비상 탈출구의 위치를 알려준다. 사람은 심리적으로 자신이 탑승했던 곳으로 피하려는 경향이 있다. 따라서 승객이 탑승했던 곳으로 탈출하려고 할 수도 있으므로 각자의 좌석에서 가장 가까운 비상구가 있음을 안내한다. 만약 사용이 불가한 비상 탈출구가 있다면 대체 비상 탈출구를 알려주어야 한다.

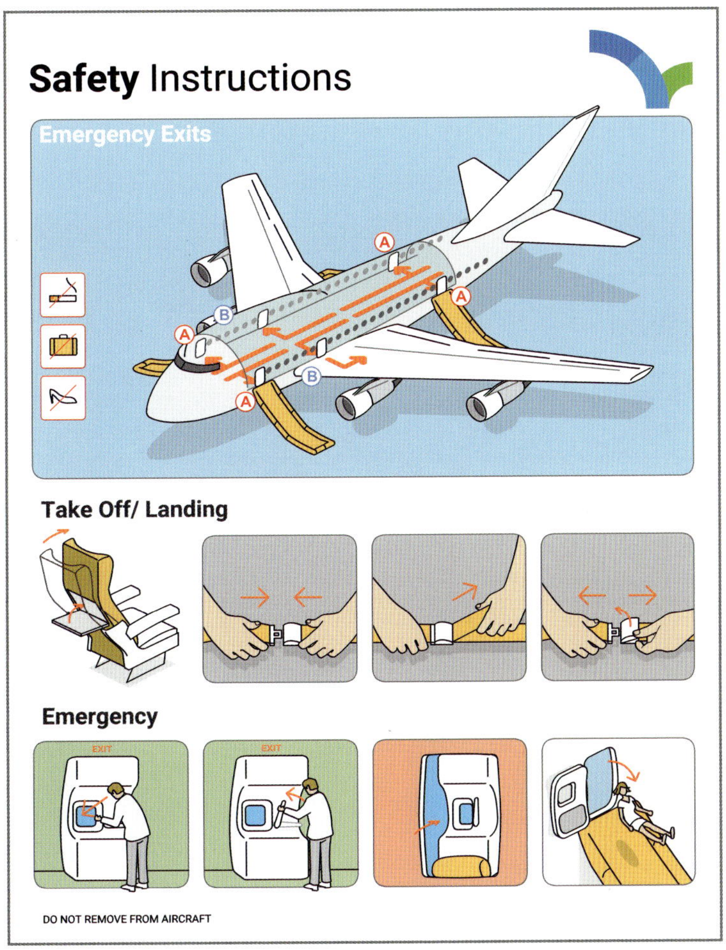

anilyanik/DigitalVision Vectors via Getty Images

3) 협조자 선정 및 임무 설명

탑승한 승객의 수에 따라 상이하나 보통은 한 객실승무원이 40~50명 정도의 승객을 담당한다. 담당 구역의 승객 중에 자력으로 탈출하기 어려울 것으로 예상되는 승객이 있다면 탈출을 도와줄 협조자가 필요하다. 특히 노약자, 유아, 환자 등은 협조자의 도움은 받으면 원활하게 비상 탈출을 할 수 있을 것이다. 객실승무원은 이를 위한 협조자를 선정하고 임무와 역할을 지시해야 한다. 협조자는 협조 의사가 있는 사람, 군인, 소방관, 항공사 직원 등이 적절하며, 다음과 같은 역할을 한다.

- 항공기에서 먼저 탈출하여 외부에서 승객의 탈출을 돕는다.
- 객실승무원의 요청을 받은 경우 비상 탈출구를 개방한다.
- 이동하기 어려운 승객의 탈출을 돕는다.

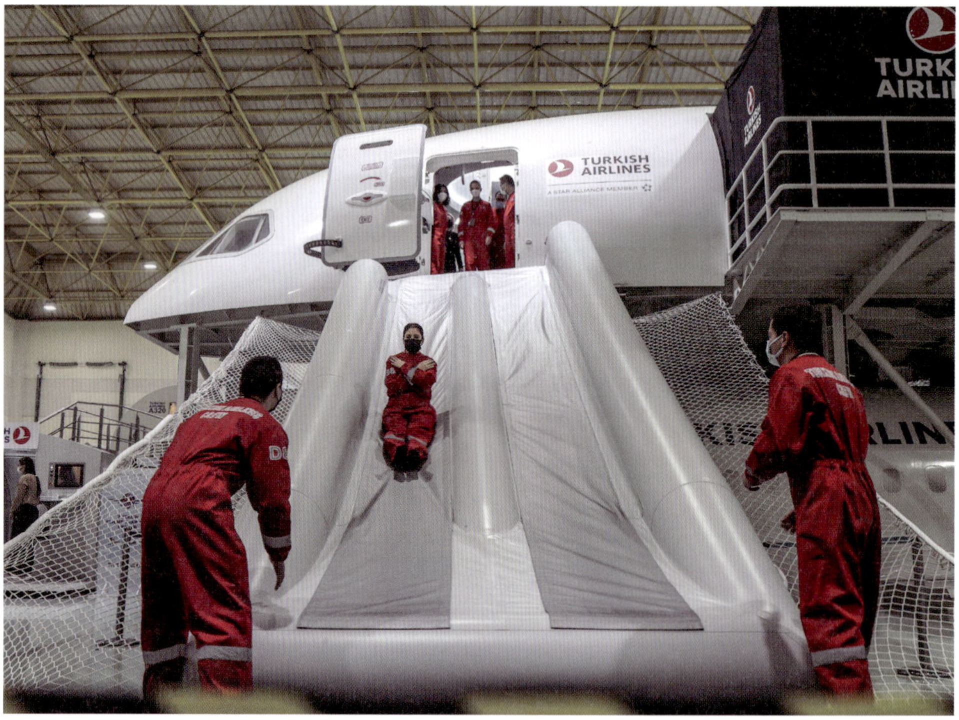

Muhammed Enes Yildirim/Anadolu Agency via Getty Images

4) 객실 및 갤리 점검

비상 착륙 또는 비상 착수 시 충돌에 의해 객실 구조물이 파손되거나 갤리의 카트와 컴파트먼트, 승객의 수하물 등이 빠져나와 탈출로를 가로막거나 승객이 다칠 수 있다. 이러한 유동물에 의한 2차 피해를 막기 위해 객실승무원은 유동물 등을 고정하고 탈출로를 확보해야 한다.

5) 최종 점검

비상사태 시에는 비상 착륙 또는 비상 착수까지의 가용 시간이 상황에 따라 시시각각 달라질 수 있다. 이 시간 동안 승무원 간에 정보를 공유하고, 브리핑을 통해 승객에게 탈출에 필요한 정보를 제공하며, 협조자를 선정하고, 객실과 갤리의 안전 조치를 취해야 한다. 또한 다음 항목을 최종 점검함으로써 비상사태 시의 객실 준비 절차를 완료한다.

참고영상

- 외부 상황에 따라 객실의 조명을 조절한다(객실사무장).
- 객실 준비가 완료되었음을 기장에게 보고한다(객실사무장).
- 객실승무원의 임무를 재숙지한다.
- 비상등(emergency light)을 켠다(객실사무장).
- 충격 방지 자세를 취한다.

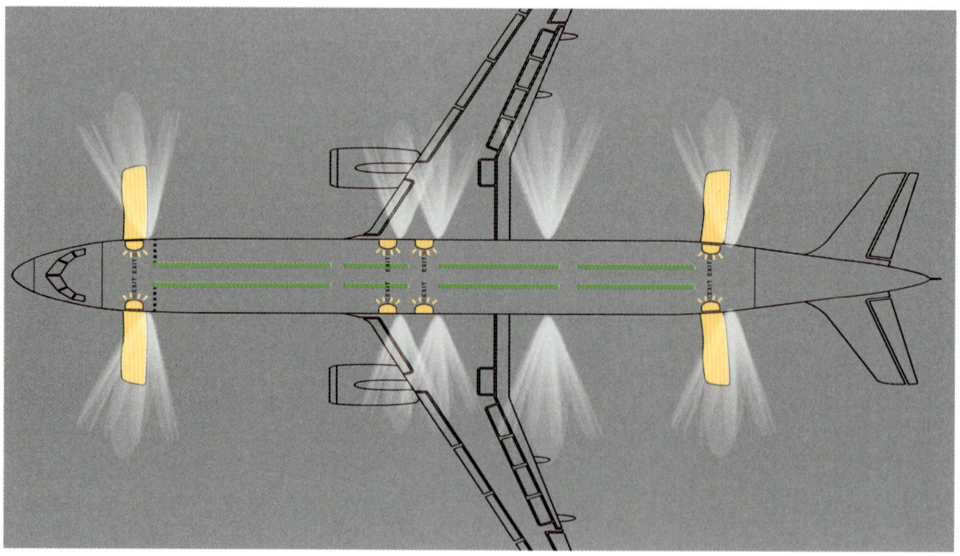

04 비상 탈출의 기본 원칙

1) 충격으로부터의 생존

항공기 사고는 곧 사망으로 이어진다고 생각하는 사람이 많겠지만 실제로는 생존율이 높은 편이다. 항공기 충격 시 심각한 부상을 입지 않도록 신체를 보호하는 것이 가장 중요하며, 충격 방지 자세를 취하면 생존할 가능성이 커진다. 충격 방지 자세는 충격이 예상되는 위치에 몸을 미리 배치하여 부상을 줄이는 자세를 말한다.

1989년에 영국 브리티시미들랜드국제항공 092편이 추락한 사고에서 항공기가 형체를 알아볼 수 없을 정도로 산산조각 났으나 탑승객의 60% 이상이 생존했다. 충돌 직전에 기장이 승객들에게 충격에 대비하여 머리를 숙이라고 지시한 덕분이었다. 그러나 하체 골절 등의 부상을 입은 승객이 많았고, 이후 연구를 통해 표준화된 충격 방지 자세(앞좌석이 있는 경우 양팔을 앞좌석 등받이에 올리고 손등에 머리를 기댐)가 개발되어 항공사들이 이를 적용했다.

그러나 2009년에 US에어웨이스 1549편의 허드슨강 비상 착수 시 충격 방지 자세를 취한 승객들의 어깨가 골절되어 새로운 충격 방지 자세에 대한 연구가 이루어졌다. 그 후 양팔과 좌석 등받이 사이의 위험한 상호작용을 줄이기 위해 양손을 다리 위에 내려놓는 형태로 충격 방지 자세를 변경하게 되었으며, 이는 모든 좌석 등받이 유형에서 머리와 목의 부상을 크게 줄일 수 있는 자세로 입증되었다.

(1) 객실승무원의 충격 방지 자세

객실승무원 또한 충격으로부터 생존해야만 승객의 탈출을 도울 수 있다. 객실승무원이 취하는 충격 방지 자세는 승무원 좌석이 전향인지, 후향인지에 따라 차이가 있다.

전향의 경우 객실승무원이 항공기 전방, 즉 조종실 쪽을 보고 앉으며, 항공기가 비상 착륙 또는 비상 착수할 때 객실승무원의 몸이 앞쪽으로 쏠리게 된다. 따라서 전향 좌석에 앉은 객실승무원은 머리를 미리 항공기 진행 방향에 두면 항공기 충돌 시 머리와 목에 가해지는 충격을 최소화할 수 있다. 후향 좌석의 경우 반대로 객실승무원이 항공기 후방을 보고 앉으며, 항공기 충돌 시 항공기 진행 방향인 좌석에 머리를 기대면 머리와 목에 가해지는 충격을 최소화할 수 있다. 또한 손과 다리는 전향, 후향에 상관없이 공통적인 자세를 취한다.

- 손바닥을 위로 하여 허벅지 아래에 끼워넣고 팔을 고정한다.
- 다리는 안정감 있게 어깨너비로 벌리고 몸을 지탱한다.
- 머리를 항공기 진행 방향에 둔다.

전향

후향

(2) 승객의 충격 방지 자세

실습영상

대부분의 여객기 좌석은 일등석(first class, FR), 이등석(business class, prestige class), 일반석(economy class)으로 구분되며, 이에 따라 피치, 좌석벨트의 형태(허리 벨트, 허리와 어깨 벨트), 좌석 등받이, 앞좌석 유무 등이 다르다. 또한 유아를 안고 있는 성인, 아동용 안전장치를 이용하는 승객 등 각 경우의 충격 방지 자세가 조금씩 다르지만 기본적인 원칙은 다음과 같다.

- 충격으로부터 머리와 목을 보호하고 자세를 낮춘다.
- 엉덩이와 몸통은 좌석 뒤쪽에 단단히 고정한다.
- 좌석벨트가 꼬이지 않게 하고 허리 아래로 엉덩이 전체에 걸쳐 팽팽하고 낮게 착용한다.
- 좌석이 충돌할 때의 부상을 피하기 위해 다리와 발을 앞좌석 아래나 자기 좌석 아래에 두지 않으며, 발은 바닥에 평평하게 두고 무릎으로 지탱한다.
- 원활한 비상 탈출을 위해 신발을 착용하도록 권장하나, 하이힐 또는 스파이크가 달린 신발은 슬라이드에 손상을 입히거나 충돌 시 부상을 초래할 수 있으므로 벗어야 한다.
- 승객과 등받이 사이에 베개나 담요를 끼우면 충돌 시의 충격 하중이 신체 전체에 분산되어 부상의 위험성이 커지므로 베개나 담요를 사용하지 않는다.

논벌크헤드 좌석
(non-bulk head seat)

벌크헤드 좌석
(bulk head seat)

좌석벨트 미착용 유아

좌석벨트 착용 아동

허리 벨트만 있는
전향 좌석

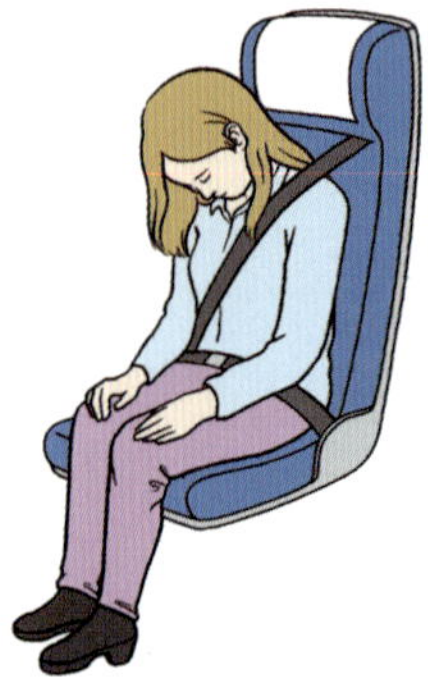

허리, 어깨 벨트가 있는
전향 좌석

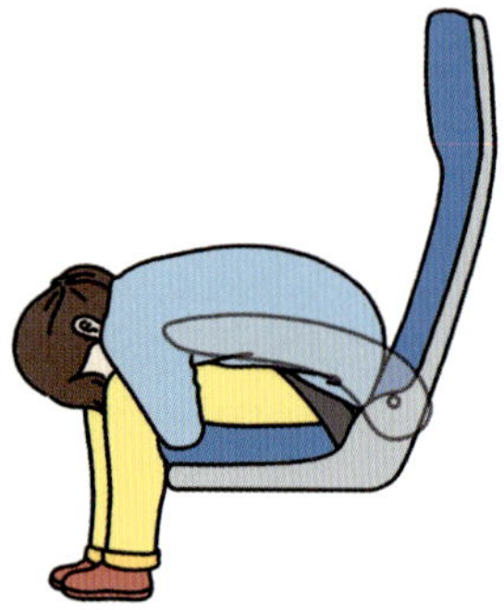

허리 벨트만 있는
전향 좌석의 아동

허리 벨트만 있는 전향 좌석의
유아 동반 성인

허리 벨트만 있는 전향 좌석의
임신부

(3) 충격 방지 자세 명령어

실습영상

국제민간항공기구(ICAO)의 '객실승무원 안전 훈련 매뉴얼'에는 비상사태 시의 명령어가 상세하게 나와 있다. 그에 따르면 객실승무원의 명령은 '크게, 단정적으로, 반복하여, 지속적으로' 이루어져야 한다. 비상사태 시의 명령어는 승객이 오해하지 않도록 명확하고 간결해야 하며, 신속하게 집중적으로 승객을 통제할 수 있어야 한다. 또한 승객이 잘 알아듣고 행동을 즉시 취할 수 있도록 '지시형' 언어를 사용해야 한다. 모호한 표현, 불분명한 명령은 승객의 판단을 흩트리고 행동을 주저하게 만들 수도 있다.

■ 준비된 비상 탈출

- 착륙 1분 전 기장의 신호에 따라 충격 방지 자세를 취한다.
- 기장은 좌석벨트 착용 표시등 4회, PA를 통한 brace for impact 2회로 신호를 보낸다.
- 객실승무원은 '충격 방지 자세(Brace)' 명령어를 3회 실시한다.

■ 준비되지 않은 비상 탈출

참고영상

- 최초 충격이 가해진 순간부터 항공기가 완전히 멈출 때까지 객실승무원은 '머리 숙여(Heads down), 자세 낮춰(Stay low)' 명령어를 실시한다.

항공 지식

비상 탈출 시 명령어는 왜 반말일까?

어느 승객이 비상 탈출 상황에서 승무원이 '머리 숙여', '자세 낮춰', '벨트 풀어', '일어나 나와' 등의 명령형 어조로 탈출을 지휘했다고 불만을 제기하여 이슈가 된 적이 있다. 국제민간항공기구의 국제 기준에 따르면 비상 탈출 시 명령어는 영어로 'Heads down', 'Stay down'이며, 우리나라 항공사는 이를 따라 '머리 숙여', '자세 낮춰'로 정했다.

비상 탈출을 할 때 이렇게 명령어를 사용하는 것은 신속한 탈출을 하기 위함이다. 촌각을 다투는 긴급한 상황에서 존댓말은 시간 낭비이고 비효율적일 뿐이다. 시간이 더 많이 소요되고, 말이 길어질수록 내용 전달이 명확하지 않으며, 신속하게 다음 지시를 내리는 데 방해가 된다. 따라서 짧고 정확한 표현을 비상 탈출 시 명령어로 사용하고 있다.

2) 항공기에서의 탈출

충격으로부터 살아남았다면 항공기에서 탈출하여 안전한 곳으로 대피해야 한다. 그러나 항공기에서 무작정 탈출하는 것이 아니라 항공기 내·외부의 상황에 따라 적절한 시점에 탈출해야 한다. 이때 탈출을 결정하는 최고 결정권자는 기장이며, 기장은 침착하게 올바른 판단을 내려 적절한 시점, 적절한 방법으로 탈출을 지시해야 한다. 통상적으로는 이러한 기장의 지시에 따라 탈출하지만, 상황이 여의치 않거나 기내 상황을 파악한 객실승무원이 탈출이 필요하다고 판단한 경우에는 기장에게 연락을 시도하고 다른 객실승무원과 의사소통을 통해 탈출을 결정할 수도 있다.

(1) 상황 판단(기장)

- 비상 탈출이 필요하지 않은 경우: "This is the captain. Remain seated, remain seated."
- 비상 탈출이 예상되는 경우: "Attention, crew at station."
- 비상 탈출이 필요한 경우: "This is the captain. Evacuate, evacuate!"

(2) 탈출구 개방

항공기가 지상 또는 수면에 충돌한 후 완전히 멈추면 기장은 상황을 판단하여 필요시 탈출을 지시한다. 기장의 탈출 신호음 또는 지시 방송을 들은 객실승무원은 즉시 탈출을 지휘한다. 외부 상황을 파악하여 비상 탈출구를 개방해도 된다고 판단되면 비상 탈출구를 열고 승객이 좌석에서 빠져나오도록 지시한다. 만약 화재 등의 이유로 외부 상황이 여의치 않아 비상 탈출구를 개방할 수 없을 때는 대체 비상 탈출구로 탈출하도록 승객을 유도해야 한다.

도어 모드가 팽창 위치인 상태에서 도어를 열면 자동적으로 비상 탈출 장비(escape device)가 펼쳐진다. 기종 및 비상 탈출 장비의 크기에 따라 차이가 있으나 펼쳐지는 데 7~8초 정도가 소요되며, 완전히 펼쳐져 탈출이 가능하다고 판단되면 승객을 탑승시킨다.

(3) 탈출 지시

항공기에서 탈출할 때 준비 시간이 충분한 경우/충분하지 않은 경우, 비상 착륙/비상 착수, 비상 탈출 장비의 유형(슬라이드, 슬라이드/래프트, 래프트)에 따라 객실승무원의 명령어가 달라진다. 다음 그림은 각각에 따른 자세한 순서를 보여준다.

준비 시간이 충분한 경우의 명령어

	비상 착륙	비상 착수(구명복 착용 상태)
항공기 충돌 시	충격 방지 자세! Brace!	충격 방지 자세! Brace!
좌석 이탈 시	벨트 풀어! Release seatbelt! 나와! Get out! 짐 버려! Leave everything! 이쪽으로! Come this way!	벨트 풀어! Release seatbelt! 나와! Get out! 짐 버려! Leave everything! 이쪽으로! Come this way!
항공기 탈출 시 (슬라이드/래프트)	양팔 앞으로! Arms straight ahead! 뛰어 내려가! Jump and slide!	구명복 부풀려! Inflate your life vest! 안쪽으로! Step into the raft!

준비 시간이 충분하지 않은 경우의 명령어

	비상 착륙	비상 착수(구명복 미착용 상태)
항공기 충돌 시	머리 숙여! Heads down! 자세 낮춰! Stay down!	머리 숙여! Heads down! 자세 낮춰! Stay down!
좌석 이탈 시	벨트 풀어! Release seatbelt! 나와! Get out! 짐 버려! Leave everything! 이쪽으로! Come this way!	벨트 풀어! Release seatbelt! 구명복 입어! Get your life vest! 나와! Get out! 짐 버려! Leave everything! 이쪽으로! Come this way!
항공기 탈출 시 (슬라이드/래프트)	양팔 앞으로! Arms straight ahead! 뛰어 내려가! Jump and slide!	구명복 부풀려! Inflate your life vest! 안쪽으로! Step into the raft!

* 탈출 지시 명령어는 비상 착륙, 비상 착수, 슬라이드, 슬라이드/래프트 상황별로 다름

객실 준비 시간이 충분하지 않은 비상 착수의 경우, 좌석에서 이탈하기 전 구명복을 입고 나오도록 지시한다. 비상 탈출 장비가 슬라이드일 때는 승객이 항공기 도어 앞에서 탈출 직전 구명복을 부풀리고 물로 뛰어들며, 슬라이드를 부유물로 사용하여 붙잡고 있도록 해야 한다. 또한 비상 착수 시 비상 탈출 장비가 래프트인 경우, 승무원은 래프트를 바다나 강에 던져 부풀리고 승객이 물로 뛰어들어 래프트에 탑승하도록 지시한다.

한편 긴박한 비상 상황임에도 자신의 짐을 가지고 내리려는 승객이 있을 수도 있다. 실제로 비상 착륙 시 한 승객이 짐을 챙기는 데 급급하여 기내 안쪽에 있던 승객들이 빠져나오지 못하고 사망한 사례가 있다. 이러한 일이 발생하지 않도록 승무원은 승객에게 짐을 버리라고 지시해야 한다.

항공사고 사례

2019년 5월 5일, 아에로플로트 1492편이 모스크바 셰레메티예보 국제공항에 비상 착륙을 했으나 화재가 발생하여 탑승객 78명 중 41명이 사망했다. 해당 여객기는 셰레메티예보 국제공항에서 출발해 무르만스크 공항에 도착할 예정이었으나 이륙 직후 번개에 맞아 회항하게 되었고, 비상 착륙 과정에서 기체가 활주로와 부딪히고 말았다.
항공기가 멈춘 후 승객들은 슬라이드를 통해 탈출했다. 그러나 일부 승객이 자신의 짐을 챙기려다 통로를 막는 바람에 후방의 승객들이 대부분 탈출하지 못했다. 항공기에서의 탈출은 통상적으로 90초 이내에 이루어져야 하며, 단 몇 초 차이로 목숨을 잃을 수도 있다. 또한 짐을 가지고 슬라이드를 타면 시간이 지체될 뿐만 아니라 슬라이드가 훼손될 수도 있기 때문에 짐을 버리고 슬라이드를 타야 한다.

(4) 비상 탈출 장비를 이용한 탈출

비상 착륙 시 슬라이드, 슬라이드/래프트와 같은 비상 탈출 장비를 이용할 때는 안전성을 확보하는 것이 매우 중요하다. 항공기의 높이로 비상 탈출 장비의 접지 각도가 가파르기 때문에 두려움을 느낀 승객이 탈출을 주저하는 경우도 있다. 비상 탈출 장비를 이용할 때는 2차 부상을 방지하고 비상 탈출 장비가 훼손되는 것을 방지하기 위해 하이힐과 같이 뾰족한 신발을 벗어야 하며, 양팔을 앞으로 하고 허리를 세운 채 타고 내려온다. 유아는 성인이 안고 탈출하는데, 이때 유아의 머리, 목, 팔다리가 보호되도록 감싸안는다. 먼저 탈출한 협조자는 다른 승객이 내려오는 것을 도와주고, 탈출한 승객은 일정 거리를 벗어나야 한다.

BAY ISMOYO/AFP via Getty Images

Steve Parsons/PA Images via Getty Images

항공 지식

장애인 보조견의 비상 탈출

장애인 보조견은 장애인의 일상생활을 도와줄 수 있도록 특수한 훈련을 받은 개이다. 이러한 보조견은 기내 동반이 가능하며 운임이 부과되지 않는다. 기내에 탑승한 보조견은 동반 승객의 좌석 앞 바닥에 앉고 복도 공간 또는 옆 좌석 승객의 공간을 침범해서는 안 된다. 비상 탈출 시에는 당연히 보조견을 데리고 탈출해야 하며, 승객이 보조견을 안고 함께 탈출할 수 있도록 유도한다.

■ 슬라이드/래프트 탑승

비상 착수 시 승객은 비상 탈출구 앞에서 구명복을 부풀리고, 먼저 탈출한 승객은 슬라이드/래프트 안쪽으로 탑승한다. 슬라이드/래프트에 탑승할 때는 자세를 낮추고 안쪽으로 천천히 기어서 이동하며, 균형을 맞출 수 있도록 양쪽에 고르게 탑승한다. 승무원은 모든 승객이 탑승하고 나서 마지막에 탑승하며, 항공기 도어 사이드의 슬라이드/래프트 연결 부분을 분리한다. 가라앉는 항공기로부터 일정 거리를 벗어나야 안전을 확보할 수 있으므로 승무원은 모든 승객이 팔을 이용하여 노를 젓도록 지시해야 한다. 일정 거리를 벗어난 후 승무원은 슬라이드/래프트가 떠내려가지 않도록 닻을 설치하고 ELT(emergency locator transmitter)로 구조 요청 신호를 보낸다.

© 연합뉴스

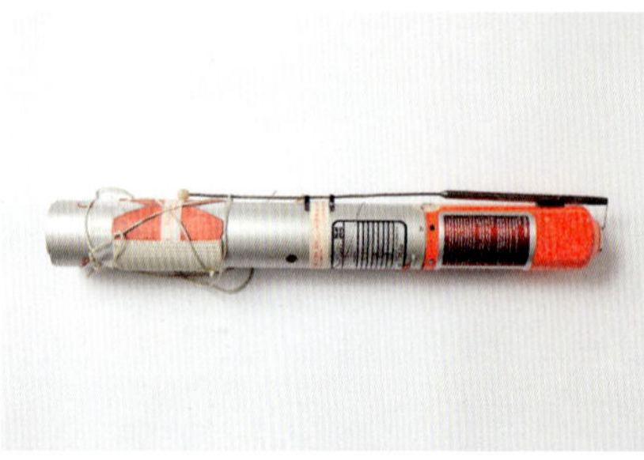

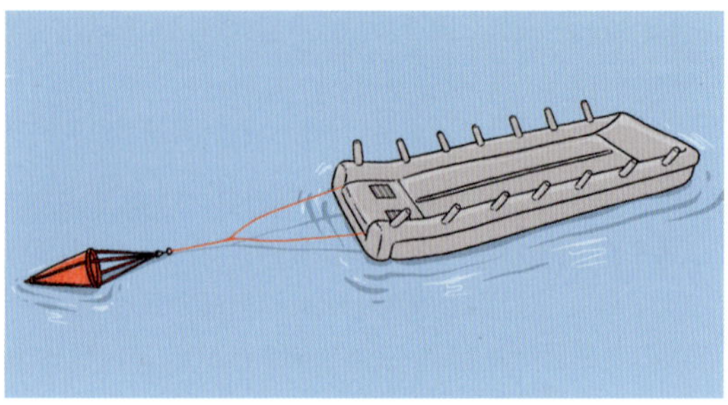

닻이 설치된 슬라이드/래프트

■ 래프트 탑승

슬라이드/래프트가 탑재되지 않은 항공기가 비상 착수를 했을 때는 래프트를 이용하여 탈출해야 한다. 승무원이 래프트를 바다나 강에 던지면 자동으로 부풀어올라 승객이 탑승할 수 있다. 승객은 비상 탈출구 앞에서 구명복을 부풀리고 물로 뛰어들며, 헤엄쳐서 래프트에 탑승해야 한다. 만약 항공기에 슬라이드만 탑재되었다면 승무원은 슬라이드를 팽창시키고 도어와 슬라이드 연결 부분을 분리하여 부유물로 활용한다. 이때 승객은 물로 뛰어들어 슬라이드를 붙잡고 구조를 기다려야 한다.

BAY ISMOYO/AFP via Getty Images

■ 헬프 자세

비상 착수 시 승객이 물속에서 구조를 기다리는 경우, 수온이 낮다면 저체온증으로 생명이 위험해질 수 있다. 따라서 구조되는 순간까지 생존할 수 있도록 체온을 유지하는 것이 매우 중요하다. 물속에서 과하게 몸부림을 치면 오히려 물속으로 가라앉기 때문에 온몸에 힘을 빼고 물 위로 몸이 떠오르게 해야 한다.

물속에서 체온 손실을 막기 위한 체적의 자세는 헬프(help) 자세이다. 머리와 목을 물 밖으로 내밀어 호흡을 유지하고 머리를 뒤로 젖혀 하늘을 바라본다. 그리고 양쪽 겨드랑이를 몸통에 최대한 붙이고, 무릎을 몸통으로 끌어올리면 몸이 물 위로 떠올라 오래 물 위에 머무를 수 있다. 이때 다리를 꼬거나 붙여 체온 손실의 표면적을 최대한 줄여야 한다. 이러한 헬프 자세를 취하면 생존 시간을 2~3배 정도 늘릴 수 있다.

참고영상

■ 허들 자세

물속에 혼자 있으면 파도나 물살에 떠내려 갈 수 있기 때문에 모여 있어야 안전하다. 따라서 헬프 자세를 취한 사람들끼리 동그란 원을 이루어 모여 있어야 한다. 헬프 자세를 한 상태에서 옆 사람과 팔짱을 끼어 원을 이루고 체온을 유지하는 자세를 허들(hurdle) 자세라고 한다.

Luo Yunfei/CHINA NEWS SERVICE/Visual China Group via Getty Images

3) 다양한 환경에서의 생존

항공기에서 탈출했다면 해당 환경에서 구조될 때까지 생존해야 한다. 비상 탈출은 언제 어디서든 발생할 수 있으므로 다음과 같은 일반 생존 지침을 숙지해야 한다.

항공 지식

비상 착륙 시 항공기의 무게를 어떻게 줄일까?

항공기는 착륙 시의 최대 착륙 중량이 정해져 있어 그 중량을 넘어선 상태로 착륙을 시도하면 대형 사고로 이어질 수 있다. 특히 이륙 직후는 연료가 가득한 상태라 그대로 착륙할 수 없다. 만약 이륙 직후 비상 착륙을 해야 하는 비상사태가 발생한다면 무게를 줄이기 위해 연료의 일부를 배출하는 항공유 덤핑(fuel dumping) 절차를 거친다. 이를 위해 조종사는 공항 인근의 정해진 장소를 선회하면서 항공유 배출구를 열고 항공유를 버리며, 이때 다른 항공기의 운항에 지장을 주지 않도록 해야 한다.

Malorny/Moment via Getty Images

- 항공기에서 탈출하여 안전거리를 확보한다.
- 항공기 주변에서 대기한다(너무 멀리 이동하면 구조대가 찾기 어렵다).
- 생존자를 파악한다.
- 부상자에게 응급처치를 실시한다.
- 부상자 간호, 사용 가능 비상 장비 파악, 피난처 확보, 구조 신호 송신 등의 임무를 지정한다.

(1) 극도로 추운 곳(북극 등)

- 체온을 유지한다(불 피우기, 캐노피로 바람 막기, 젖은 옷을 벗고 마른 옷으로 갈아입기 등).
- 눈이나 얼음을 먹지 않는다.

(2) 극도로 더운 곳(사막 등)

- 캐노피 등을 이용하여 그늘을 만든다.
- 긴팔 옷을 입거나 모자를 착용하여 직사광선으로부터 몸을 보호한다.
- 모래 속에 피난처를 만든다.
- 기온이 높은 낮에는 활동을 제한하여 탈수와 열사병을 예방한다.

(3) 해상 표류 시

- 캐노피 등을 이용하여 바람, 비, 직사광선을 피한다.
- 빗물을 이용하여 식수를 확보하고 바닷물을 마시지 않는다.
- 체온을 유지한다(보트에 모여 있기, 물속에 들어가지 않기).

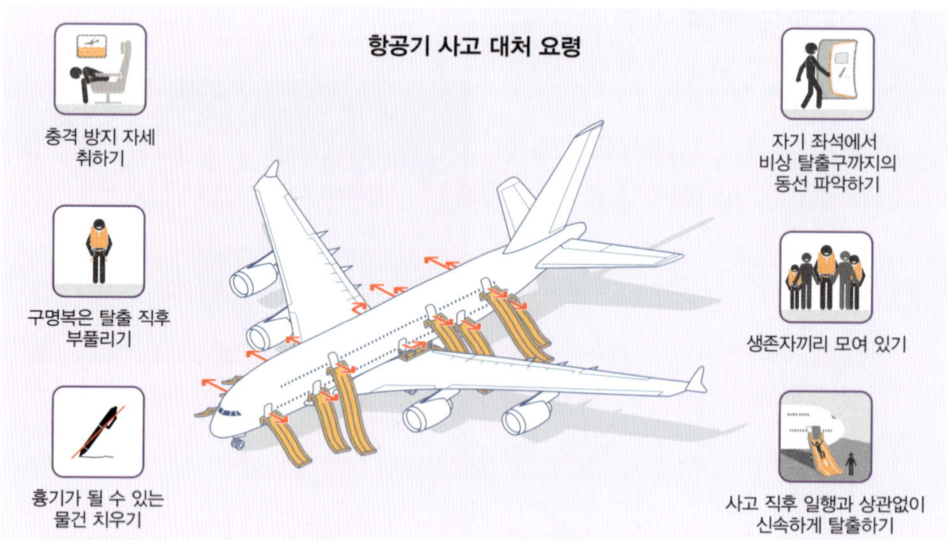

4) 비상 탈출 절차 실습

<table>
<tr><th colspan="6">시나리오 기반 안전 업무 실습</th></tr>
<tr><td>실습일</td><td colspan="2">년 월 일</td><td>실습 과목명</td><td colspan="2"></td></tr>
<tr><td>학번</td><td></td><td>이름</td><td></td><td>평가자</td><td></td></tr>
<tr><td>실습 주제</td><td colspan="5">준비된 비상 착륙(팀별 평가)</td></tr>
<tr><td>실습 목표</td><td colspan="5">• 상황에 따라 적절한 대응 조치를 취할 수 있는가?
• 상황에 따라 승무원 간에 협력할 수 있는가?
• 상황에 따라 적절히 의사소통을 할 수 있는가?</td></tr>
<tr><td>비행 단계</td><td colspan="3">순항 중/착륙 후</td><td>장소</td><td>B737 기내</td></tr>
<tr><td>CRM 스킬</td><td colspan="5">• 상황 인식
• 의사소통
• 승무원 간의 협력</td></tr>
<tr><td>상황</td><td colspan="5">• 착륙 약 30분 전에 기장이 2번 엔진에 결함이 발생하여 비상 착륙을 한다고 전달했다.
• 활주로에 착륙한 후 2번 엔진에 화재가 발생했다.</td></tr>
<tr><td>조건</td><td colspan="5">• 객실 준비 시간이 충분하다.
• 총 4명의 객실승무원이 근무 중이다.</td></tr>
<tr><td colspan="6">준비된 비상 착륙 절차를 실습한 후 자신의 생각을 정리해봅시다.</td></tr>
</table>

정리해보기

1. 비상사태 시 객실 준비 절차 중 승객 브리핑을 할 때 객실승무원의 태도와 유의점을 정리하시오.

2. 실제로 비상 탈출을 할 때는 사고 현장의 혼란, 소음 등으로 객실승무원이 탈출을 지휘하는 데 어려움이 많은데, 이를 어떻게 극복할 수 있을지 정리하시오.

CHAPTER **5**

기내 불법 방해행위 대응 조치

UNLAWFUL INTERFERENCE

항공운송 산업의 성장으로 2024년에는 전 세계의 항공기 승객 수가 약 40억 명에 이르고, 이후 90억 명 정도까지 증가할 것으로 예상된다. 이러한 항공 여행 수요의 증가와 더불어 기내 불법 방해행위도 끊이지 않고 있다. 항공기 운항 중 객실승무원 폭행, 조종실 접근 등의 기내 난동은 항공안전에 심각한 위협이 될 뿐 아니라, 이로 인해 임시 착륙하는 경우 항공사에 경제적 손실을 입힌다. 또한 항공교통 이용 승객의 권익 보호 차원에서 다른 승객이 안전하게 항공교통을 이용할 권리를 침해하기도 한다. 이 장에서는 국내외의 기내 불법 방해행위 사례를 살펴보고 객실승무원의 법적 지위, 기내 불법 방해행위의 유형과 단계별 조치를 익힌다. 또한 상황에 맞는 진압 장비를 활용하여 법적 절차에 따라 적절히 대응하는 방법을 알아본다.

학습 목표

- 기내 불법 방해행위 사례를 통해 문제점을 인식하고 객실승무원의 법적 지위를 이해할 수 있다.
- 기내 불법 방해행위의 유형과 단계별 조치를 익히고, 상황에 맞는 진압 장비를 활용하여 법적 절차에 따라 적절히 대응할 수 있다.

학습 내용

- 기내 불법 방해행위의 정의와 유형
- 기내 불법 방해행위 사례와 문제점
- 항공기내보안요원
- 특별사법경찰리
- 테이저건, 올가미형 케이블, 포승줄, 키핸즈컵스
- 기내 불법 방해행위 대응 절차

01 기내 불법 방해행위의 개요

오늘날 기내에서 발생하는 불법 방해행위는 사회적으로 큰 이슈가 되곤 한다. 과거에는 기내 불법 방해행위에 대한 인식이 미약했으나 일련의 사건이 계기가 되어 항공업계의 각 분야에서 대응을 강화하게 되었다. 항공사는 현장 상황을 고려한 대응 절차를 수립하고, 객실승무원은 항공기내보안요원, 특별사법경찰리로서의 역할을 인식하고 관련 법 지식을 함양하며, 정부 관계 기관은 처벌 기준을 강화하는 등 각고의 노력을 기울이고 있다.

기내 불법 방해행위는 항공기 납치, 폭파 기도와 같은 중대한 테러 행위부터 폭력의 유무에 관계없이 운항에 지장을 주는 행위, 폭력을 동반하여 승객 또는 승무원에게 신체적·정신적 피해를 입히는 행위 등 유형이 다양하고 범위가 넓다. 기내에서는 외부 공권력의 지원을 받기가 어렵기 때문에 승무원이 자력으로 불법 방해행위를 해결해야 한다. 기내 불법 방해행위에 적절히 대응하지 못하는 경우 중대한 위험에 처할 수도 있다.

1) 기내 불법 방해행위의 정의

항공보안법 제2조 제8호에 따르면 기내 불법 방해행위란 '항공기의 안전운항을 저해할 우려가 있거나 운항을 불가능하게 하는 행위'이다. 기내 불법 방해행위에는 지상에 있거나 운항 중인 항공기를 납치하거나 납치를 시도하는 행위, 항공기 또는 공항에서 사람을 인질로 삼는 행위, 항공기·공항·항행 안전시설을 파괴하거나 손상하는 행위, 항공기·항행 안전시설·보호구역에 무단 침입하거나 운영을 방해하는 행위, 범죄의 목적으로 항공기 또는 보호구역 내로 무기 등 위해 물품을 반입하는 행위, 지상에 있거나 운항 중인 항공기의 안전을 위협하는 거짓 정보를 제공하는 행위 또는 공항 및 공항시설 내에 있는 승객·승무원·지상 근무자의 안전을 위협하는 거짓 정보를 제공하는 행위, 사람을 사상에 이르게 하거나 재산 또는 환경에 심각한 손상을 입힐 목적으로 항공기를 이용하는 행위, 그 밖에 항공보안법에 따라 처벌받는 행위가 포함된다.

항공운송 사업자는 이러한 기내 불법 방해행위를 금지하는 내용을 승객 브리핑 카드(안전 정보 카드)에 포함하여 기내에 비치하며, 비행 중 비상구 조작이 금지 행위임을 알리는 스티커를 승객이 잘 볼 수 있는 곳에 부착하고 있다. 한편 일부 항공사는 불법 방해행위를 반복적으로 한 승객을 대상으로 탑승을 금지하는 '노플라이(no-fly)' 제도를 운영하고 있다.

항공보안법 제23조(승객 협조의 의무)

- 폭언, 고성방가 등 소란 행위
- 흡연
- 술을 마시거나 약물을 복용하고 다른 사람에게 위해를 주는 행위
- 다른 사람에게 성적 수치심을 일으키는 행위
- 항공안전법 제73조를 위반하여 전자 기기를 사용하는 행위
- 기장의 승낙 없이 조종실 출입을 기도하는 행위
- 기장 등의 업무를 위계 또는 위력으로 방해하는 행위

2) 기내 불법 방해행위 발생 시 승무원 역할의 중요성

기내 불법 방해행위는 안전운항을 저해하고 인명과 재산에 큰 피해를 줄 수 있다. 기내 불법 방해행위가 발생하면 여러 승무원이 해당 승객을 통제하기 위해 동원됨으로써 승무원의 업무 과다로 일상 안전 업무를 위한 집중력이 분산되기도 한다. 또한 기내에서 이러한 상황을 목격한 승객들은 극심한 공포를 느끼게 된다.

기내 불법 방해행위는 외부의 지원을 기대할 수 없는 항공기 내부라는 특수한 환경에서 일어나는 사건이므로, 경우에 따라서는 지상에서의 행위와 같다고 볼 수 없다. 따라서 객실승무원이 기내 불법 방해행위에 대해 적극적인 조치를 취할 수 있도록 법률로써 특별사법경찰리, 항공기내보안요원이라는 법적 지위를 부여하고 있다.

생각해보기 기내 불법 방해행위가 발생했을 때 승무원의 역할이 왜 중요한가?

3) 기내 불법 방해행위 현황 및 사례

운항 중인 항공기에서 승객이 난동을 부려 항공 안전 및 보안에 위협이 된다는 기사를 종종 접하곤 한다. 국내뿐만 아니라 해외에서도 기내 불법 방해행위 승객에 대한 승무원의 대응 조치와 처벌, 근절을 위한 개선 방안 등은 관심의 대상이다. 우리나라의 기내 불법 방해행위 건수는 2011년에 152건을 기록한 이래 꾸준히 증가하다 2016~2017년에는 감소했으나 2018년 이후로 현재까지 증가 추세를 보이고 있다. 2019년(10월 기준)에는 421건이 발생했는데, 이는 2018년 대비 29%가 증가한 수치이다. 항공 여객 수 100만 명당 불법 방해행위 발생 비율은 2011년 2.39건, 2018년 4.50건으로 7년간 약 1.88배 증가했다.

항공기 내 승객의 협조 의무 위반 행위 현황(단위: 건)

구분	폭언 등 소란 행위	흡연 행위	음주 후 위해 행위	성적 수치심 유발 행위	전자 기기 사용	조종실 출입 기도	폭행 및 협박	기타	소계
	제1항 제1호	제1항 제2호	제1항 제3호	제1항 제4호	제1항 제5호	제1항 제6호	제2항	제3항 등	
2011년	22 (14%)	115 (76%)	5 (3%)	2 (1%)	0 (0%)	0 (0%)	6 (4%)	2 (1%)	152 (100%)
2012년	13 (7%)	154 (81%)	8 (4%)	5 (3%)	2 (1%)	0 (0%)	9 (5%)	0 (0%)	191 (100%)
2013년	27 (13%)	145 (71%)	7 (3%)	4 (2%)	1 (0%)	0 (0%)	12 (6%)	7 (3%)	203 (100%)
2014년	42 (12%)	278 (79%)	9 (3%)	8 (2%)	0 (0%)	0 (0%)	15 (4%)	2 (1%)	354 (100%)
2015년	42 (9%)	381 (83%)	9 (2%)	15 (3%)	0 (0%)	0 (0%)	6 (1%)	7 (2%)	460 (100%)
2016년	47 (10%)	364 (80%)	10 (2%)	17 (4%)	0 (0%)	0 (0%)	6 (1%)	11 (2%)	455 (100%)
2017년	37 (8%)	363 (83%)	9 (2%)	17 (4%)	0 (0%)	0 (0%)	3 (1%)	9 (2%)	438 (100%)
2018년	47 (9%)	428 (81%)	9 (2%)	16 (3%)	0 (0%)	0 (0%)	19 (4%)	10 (2%)	529 (100%)
2018년 10월	34 (10%)	260 (80%)	3 (1%)	13 (4%)	0 (0%)	0 (0%)	12 (4%)	4 (1%)	326 (100%)
2019년 10월	26 (6%)	351 (83%)	10 (2%)	20 (5%)	0 (0%)	0 (0%)	7 (2%)	7 (2%)	421 (100%)

* 주: 각 불법행위 하단의 내용은 항공보안법 제23조의 각 항을 의미하고, '기타'에는 출입문 등의 기기 조작 행위, 항공기 농성 및 점검 등이 포함됨

* 자료: 국토교통부 제출 자료

출처: 구세주, "NARS 현안 분석 항공기 내 불법행위 현황 및 개선 과제", 국회입법조사처 제109호(2019. 12. 31.), 5-6면

지난 수년간 기내 불법 방해행위의 다양한 유형 중 가장 높은 비중(71~83%)을 차지하는 것은 흡연이다. 또한 성적 수치심을 유발하는 행위도 꾸준히 증가하고 있는데, 그 주원인이 음주로 예상된다. 기내 불법 방해행위 중 대표적인 사례를 좀 더 살펴보자.

(1) 사례 1: 흡연 및 폭언

2016년 4월, 김해 국제공항에서 출발하여 괌으로 향하던 대한항공 여객기에서 한국 남성 승객이 맥주를 마신 뒤 화장실에서 담배를 피우다 객실승무원에게 발각되었다. 객실승무원이 흡연을 제지하자 승객은 폭언을 하고 객실사무장에게 주먹을 휘두르는 등 난동을 부렸다. 괌에 도착한 후 해당 승객은 FBI에게 인계되었고, 미국 법에 의거하여 1년 6개월의 징역형을 선고받았다. 이는 한국 국적자가 미국 법에 의해 처벌받은 최초의 사례이다.

Flashvector/iStock/Getty Images Plus via Getty Images

(2) 사례 2: 폭언 및 폭행

2016년 12월, 베트남 하노이를 출발하여 인천으로 향하던 대한항공 여객기에서 한국 남성 승객이 술에 취하여 2시간가량 난동을 부렸다. 승객은 옆 좌석 승객을 폭행하고 이를 제지하는 객실승무원의 배를 발로 찼으며, 난동을 말리던 사람에게 욕설을 퍼붓고 침을 뱉었다. 이는 다른 승객이 당시 상황을 찍은 동영상을 소셜미디어에 올림으로써 알려지게 되어 사회적으로 공분을 샀다. 문제의 승객은 이 사건이 있기 4개월 전에도 기내에서 난동을 부린 전력이 있으나 처벌받지 않은 터라 또다시 문제를 일으킨 것이다. 이에 대한항공은 '노플라이' 제도를 적용하여 해당 승객의 탑승을 영구히 거절하기로 했다.

(3) 사례 3: 성희롱

2017년 3월, 미국 애틀랜타발 인천행 대한항공 여객기에 탑승한 외국인 남성 승객이 객실승무원에게 성적 수치심을 주는 발언을 하여 공항 경찰대에 인계되었다. 승객이 심한 발언을 이어가자 객실승무원이 주의를 주었으나, 회사에서 잘리게 하겠다며 객실승무원을 협박하기도 했다. 이에 대한항공은 해당 승객을 경찰에 인계하고, 이후 방콕행 연결편의 탑승을 거절했다.

또 다른 사례로, 미국 스피릿항공의 국내선에서 뒷좌석에 앉은 남성 승객이 손을 뻗어 앞 좌석에 앉은 여성 승객의 팔과 가슴을 만졌다. 이에 여성 승객이 동영상을 촬영하여 객실승무원에게 알렸으나 별다른 조치가 없어 이슈가 되기도 했다.

(4) 사례 3: 항공기 도어 조작

2023년 5월 26일, 제주 국제공항을 출발하여 대구 국제공항으로 향하던 아시아나항공 여객기에서 비상구열 좌석에 앉은 남성 승객이 도어를 개방하는 사건이 발생했다. 착륙하기 직전 약 200m 상공에서 도어를 강제로 개방했으나 도어가 열린 채로 무사히 착륙했다. 해당 여객기는 구조상 비상구열에 승무원 좌석이 없어 객실승무원의 통제에서 벗어난 상태였다. 승객들은 착륙하기까지 공포에 떨었고 일부 승객은 호흡 곤란 등을 보여 병원으로 옮겨졌다. 해당 남성은 착륙 직후 경찰에 체포되어 항공보안법 위반, 재물 손괴, 상해 혐의로 구속되었다.

2023년 6월 19일, 세부에서 인천으로 향하던 제주항공 여객기에서 10대 남성 승객이 도어를 열려고 시도하다 제압당했다. 승객은 가슴이 답답하다고 호소하면서 횡설수설하다 필기구로 객실승무원을 위협하며 도어를 열려고 했다. 그러나 객실승무원과 승객들이 곧바로 제지했으며, 착륙 후 공항 경찰대에 인계되었다. 추후 조사 과정에서 필로폰을 투약한 것으로 확인되어 항공보안법, 마약류 관리에 관한 법률 위반 혐의로 징역 3년을 선고받았다.

4) 기내 불법 방해행위 처벌 규정

항공기 운항 중 탑승객의 안전과 항공기 보호를 목적으로 항공보안법에는 기내 불법 방해행위에 대한 법적 처벌 규정이 명시되어 있다. 과거에는 벌금형이나 집행유예 등 비교적 관대한 처벌이 이루어졌으나, 처벌 규정이 미흡하여 기내 불법 방해행위가 근절되지 않는다는 산업계, 학계, 정부 관계자 등의 의견을 수렴하여 2016년과 2017년, 두 차례에 걸쳐 항공보안법을 개정하여 기내 불법 방해행위에 대한 처벌이 전반적으로 강화되었다. 또한 일부 행위는 '운항 중'과 '계류 중'으로 구분하여 형량을 달리했다.

기내에서의 불법 방해행위는 지상에서 동일한 행위를 한 경우와 비교했을 때 처벌 규정이 강하다. 예를 들어 지상 금연구역에서의 흡연은 국민건강증진법에 따라 10만 원 이하의 과태료가 부과되지만, 운항 중인 기내에서의 흡연은 1,000만 원 이하의 벌금이 부과된다.

항공보안법 처벌 규정(2017년 개정)

기내 불법 방해행위	처벌 규정
폭언 등 소란 행위	운항 중: 3년 이하 징역/3,000만 원 이하 벌금 계류 중: 2,000만 원 이하 벌금
기내 흡연	운항 중: 1,000만 원 이하 벌금 계류 중: 500만 원 이하 벌금
음주 후 위해 행위	운항 중: 3년 이하 징역/3,000만 원 이하 벌금 계류 중: 2,000만 원 이하 벌금
성적 수치심 유발 행위	운항 중: 1,000만 원 이하 벌금 계류 중: 500만 원 이하 벌금
위법한 전자 기기 사용 행위	운항 중: 1,000만 원 이하 벌금 계류 중: 500만 원 이하 벌금
조종실 출입 기도, 기장 등의 지시 불이행	3년 이하 징역/3,000만 원 이하 벌금
출입문·탈출구 기기 조작 등의 행위	10년 이하 징역
항공기 점거, 농성	3년 이하 징역/3,000만 원 이하 벌금
기장 또는 객실승무원 등의 정당한 직무 집행을 방해하여 항공기와 승객의 안전을 해치는 행위	10년 이하 징역
기장 등의 업무 방해 행위	10년 이하 징역/1억 원 이하 벌금

우리나라의 기내 불법 방해행위 관련 판례

유형	내용	판시
항공기 점거 농성	짐이 많은데 객실승무원이 탑승권을 확인하려고 하자 불만을 표시함. 다른 승객들이 모두 하기한 후에도 하기하지 않아 객실승무원이 하기를 요구했음에도 항공기에 남아 소리치고 욕설을 함.	징역 1년 2개월에 집행유예 2년
항공기 내 폭행	제주발 대구행 여객기에서 승객이 여행사를 통해 5,000원을 더 주고 항공권을 구입했다는 이유로 화를 냄. 객실사무장이 자리에 앉아 좌석벨트를 착용해달라고 요청하자 손으로 얼굴을 때릴 듯이 위협함. 객실승무원이 휴대폰으로 촬영하자 발로 차고 폭행함.	징역 1년에 집행유예 2년, 사회봉사명령 120시간
항공기 폭파 위협	구글 이메일을 개설한 후 CBS 노컷 뉴스의 기사 제보란에 '이희호를 태울 항공편을 폭파한다는 경고'를 게시함. 그 후 IP 우회 프로그램을 이용하여 19개의 언론사 및 기자의 이메일로 발송함. 경찰관 등 100여 명이 이희호 여사가 탑승할 이스타항공 여객기와 운송될 구호 물품 정밀 검색, 검문소·국제선 청사 등 보안 검색·순찰, 항공기 야간 경비, 시설물 전체 안전 검측 등을 실시함.	징역 1년에 집행유예 2년
기내 흡연	말레이시아 쿠알라룸푸르에서 출발하여 김해 국제공항으로 향하던 여객기 화장실에서 담배를 피움.	벌금 50만 원
승무원 지시 불이행	프랑크푸르트발 인천행 여객기에서 동반 승객들이 정해진 비즈니스, 이코노미 좌석에 앉지 않고 서로 바꾸어 앉음. 객실승무원이 규정상 좌석 변동이 안 된다고 안내했음에도 불응하고 서로 바꾸어 앉음.	벌금 200만 원
기내 난동	뉴욕발 인천행 여객기에서 객실승무원에게 좌석 교체를 요구했으나 들어주지 않자 큰 소리로 욕설을 하는 소란 행위를 함.	벌금 2,000만 원
승무원 성희롱	식사 카트를 몰고 이동하는 객실승무원의 엉덩이를 손으로 두드림. 흥분하여 무릎으로 테이블을 치면서 큰 소리를 치는 등 약 20분간 소란 행위를 함.	징역 6개월에 집행유예 2년, 성폭력 치료 강의 40시간 수강 명령

출처: 권창영, 항공보안법에 관한 최근 판례의 동향, ILO 리걸 세미나 발표 자료(2019) 재구성

5) 기내 불법 방해행위의 유형별 대응 절차

국제민간항공기구는 위협의 정도에 따라 기내 불법 방해행위의 유형을 다음과 같이 1~4단계로 분류하고 있다.

- **1단계**: 수상한 행동이나 구두로 위협하는 방해 행위

- **2단계**: 육체적으로 폭력적인 행위
- **3단계**: 목숨을 위협하는 행위
- **4단계**: 조종실에 침범하거나 침범을 시도하는 행위 등

객실승무원은 다음 표와 같이 각 단계에 맞게 적절히 대응해야 한다. 1단계 유형의 불법 방해행위가 발생하면 범죄 사실과 피해 내용 등을 객실사무장에게 보고하고, 기내 난동으로 확정되면 행위를 멈추도록 안내 및 경고한다. 1단계 유형의 행위가 지속되거나 2~4단계 유형의 불법 방해행위가 발생하면 현행범인으로 체포하고, 목적지에 도착한 후 경찰에 인계한다. 사건 관련 보고서를 작성하는 절차는 1~4단계 모두에서 동일하게 이루어진다.

단계	유형	대응 절차	관련 서류
1단계	수상한 행동이나 구두로 위협하는 방해 행위	① 구두 저지, 경고장 제시 ② 기장에게 보고 및 승무원 간의 정보 공유 ③ 다른 승객의 행동 주시 ④ 필요시 청정구역 발동	• 진술서(공항 경찰 인계 시 항공기내보안요원이 피해 내용과 경위 등을 작성) • 목격자 진술서(사건을 목격한 사람이 작성)
2단계	육체적으로 폭력적인 행위	① 제압 및 구금 ② 기장에게 보고 및 승무원 간의 정보 공유 ③ 다른 승객의 행동 주시 ④ 필요시 청정구역 발동	• 진술서 • 목격자 진술서 • 현행 범인 체포서(불법 방해행위자를 체포·구금한 경우 항공기내보안요원이 작성) • 확인서(불법 방해행위자가 범행에 대한 확인 목적으로 작성)
3단계	목숨을 위협하는 행위		
4단계	조종실에 침범하거나 침범을 시도하는 행위 등		

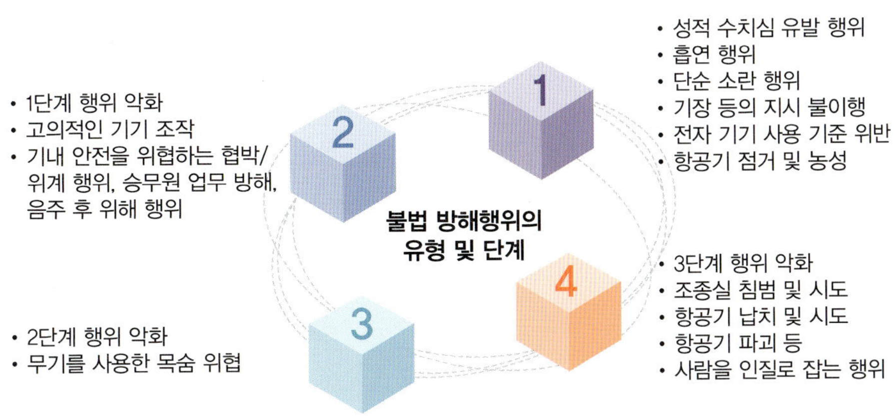

02 객실승무원의 법적 지위 및 직무

운항 중인 항공기는 공중에서 고립되어 외부 공권력의 도움을 기대할 수 없으므로 운항승무원과 객실승무원은 기내에서 벌어지는 보안 위협을 자력으로 극복하고 기내 질서를 유지해야 한다. 각 항공사는 불법 방해해위자를 제압할 수 있도록 객실승무원에게 강도 높은 훈련을 실시하고 있다. 그러나 단순히 제압하는 물리적인 힘만으로는 기내 질서를 유지하기 어렵기 때문에 객실승무원에게는 항공기내보안요원, 특별사법경찰리라는 법적 지위가 부여된다.

항공기내보안요원, 특별사법경찰리로 지명된 객실승무원은 법적 지위를 인식하고 관련 법 규정을 준수하여 직무 수행을 해야 한다. 만약 적법한 절차에 따라 직무를 수행하지 않으면 기내 난동 행위자가 추후에 법적 처벌을 피할 수도 있다.

한편 기내 질서 유지 및 안전한 항공 여행을 위해서는 항공 안전 및 보안에 대한 승객의 인식이 수반되어야 한다. 객실승무원을 단순히 기내에서 식음료를 제공하는 서비스 제공자가 아니라 승객의 안전과 보안을 책임지는 안전·보안 전문가로 인식해야 한다.

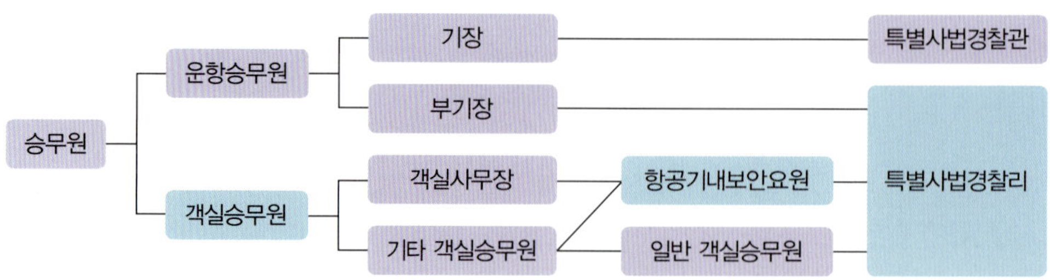

1) 항공기내보안요원

(1) 정의

'항공기내보안요원'은 항공기 내의 불법 방해행위를 방지하는 직무를 담당하는 사법경찰관리 또는 그 직무를 위해 항공운송 사업자가 지명하는 사람을 말한다. 또한 '항공기내보안요원 등'은 항공기내보안요원과 일반 객실승무원을 통틀어 일컫는다(항공운송 사업자의 항공기내보안요원 등 운영지침 제2조 제5호).

(2) 임무

- 승객이 탑승하기 전 항공기 객실의 보안 점검 및 수색을 수행한다.
- 출발 공항 또는 중간 경유지 공항에서 항공기에 탑승하는 승객 또는 재탑승하는 승객과 휴대 수하물이 의심스러운 경우 수색 및 점검을 수행한다.
- 운항 중 항공기 객실의 보안 순찰을 수행한다.
- 운항 중 및 경유지에 있는 동안 항공기 객실의 보안 감독을 수행한다.
- 항공기 불법 점거 또는 파괴 행위를 제지한다.
- 객실에서 폭발물로 의심되는 물체를 발견한 경우 최소 위험 폭발물 위치 사용 절차를 수행한다.
- 불법 방해행위가 발생했을 때 녹화를 하고 해당 승객을 도착 공항 경찰관서에 인도한다.

- 그 밖에 승객의 안전과 항공기 보안에 필요한 직무를 수행한다.

(3) 권한 및 책임

- 무기를 휴대하고 항공기에 탑승할 수 있다.
- 사법경찰리의 직무도 수행해야 한다.
- 객실 내 불법 방해행위 및 항공안전을 해치는 범죄행위 등을 녹화하고, 그 행위를 저지하기 위해 필요한 조치를 할 수 있다.
- 항공기 내에서 불법 방해행위가 발생했을 때 신속하게 대응하기 위해 일반 객실승무원에게 임무를 부여하고 주변 승객에게 협조를 요청하는 등 필요한 조치를 요구할 수 있다.
- 수상한 행동을 하는 승객이 있거나 보안 위반이 발생한 경우 항공기내보안요원이 운항승무원에게 긴밀히 알릴 수 있어야 한다.
- 기내에서 불법 방해행위를 행한 자, 항공안전을 해치는 범죄자를 현행범인으로 체포했을 때(물리적으로 신체를 속박한 경우)는 현행범인 체포서를 작성해야 한다. 이때 항공기내보안요원은 피의 사실의 요지, 체포의 이유, 변호인을 선임할 수 있음을 말하고 변명할 기회를 준 후 피체포자에게 확인서를 받아야 한다.
- 항공기내보안요원은 기밀을 엄수하여 피의자 및 기타 관계인의 명예를 훼손하지 않아야 한다.

(4) 자격 기준

항공기내보안요원은 2년 이상의 선임 객실승무원 또는 객실승무원 경력을 갖춘 자로서 정신적으로 안정되고 성숙된 사람이어야 하며, 연령과 성별을 고려하여 항공운송 사업자가 선발한다.

(5) 교육훈련

훈련 프로그램은 불법행위 유형별 위협 수준에 따른 현실적 시나리오 및 훈련 기법을 적용하여 실시하고, 다음 내용이 포함되어야 한다.

- 기내 불법행위자에 대한 강력 대응, 경찰 인계 절차 및 구금 기법
- 비무장 공격 및 방어 기술
- 관찰 및 감시
- 탑재된 무기의 사용법 등 무기 훈련
- 불법행위 유형별 대응 절차 및 조치 사항
- 최소 위험 폭발물 위치 인지, 승무원의 임무와 책임, 항공기 성능 및 객실 장비 등 일반적 교육
- 테러 정세 및 국가 대테러 활동 체계
- 운항승무원과 항공기내보안요원 간 객실 내 상황 또는 관련 정보의 신중한 전달 방법 등

2) 특별사법경찰리

(1) 정의

기내에서 범죄가 발생했을 때 범죄 수사, 증거 수집 등의 임무를 할 수 있도록 승무원에게는 사법경찰직무법에 따른 사법경찰권이 부여된다. 사법경찰 직무를 수행하는 자를 특별사법경찰이라고 하며, 기장은 특별사법경찰관, 기장 외 승무원은 특별사법경찰리로서 직무를 수행한다.

(2) 직무

특별사법경찰관은 법에 정해진 직무의 범위 안에서 범인과 범죄 사실을 수사하고 그에 관한 증거를 수집한다. 구체적으로 수사, 수사 서류 작성, 참고인 진술,

수사 과정 기록, 영상 녹화, 현행범인 체포, 현행범인 조사 및 석방 등의 직무를 수행한다. 특별사법경찰리는 검사와 특별사법경찰관의 수사를 보조한다.

항공기내보안요원과 특별사법경찰리의 비교

구분	항공기내보안요원	특별사법경찰리
근거 법	항공보안법 제2조 제8항	사법경찰직무법 제7조 제2항
지위	객실승무원 중 임명	모든 객실승무원
권한	기내 보안	특별사법경찰
주요 임무	항공기 테러 방지, 기내 일상 안전 및 보안 업무(범죄 예방)	특별사법경찰리의 업무(범죄 수사, 증거 수집 등)
자격 기준	객실승무원으로서 2년 이상 초기 교육 이수자	별도 교육 없음
탑승 정원	최소 1명 이상	탑승 승무원 인원과 동일
무기 사용	가능	가능

출처: 박수진, 항공기 내 보안 제도 개선에 관한 법적 연구, 한국항공대학교 박사학위 논문, 2020

항공기내보안요원과 특별사법경찰리의 직무 비교

구분	항공기내보안요원	특별사법경찰리
직무	• 객실 내 보안 점검 및 수색 • 승객과 불법 점거 또는 파괴 행위 제지 • 최소 위험 폭발물 위치 사용 절차에 따른 수행 • 불법행위 발생 시 녹화 실시, 도착 공항 경찰관서에 인도 • 승객의 안전 및 항공기 보안에 필요한 사항 • 휴대 수하물 수색 및 점검	• 특별사법경찰관: 법에 의한 직무의 범위 안에서 범인과 범죄 사실 수사, 그에 관한 증거 수집 • 특별사법경찰리: 검사와 특별사법경찰관의 수사 보조
직무 범위	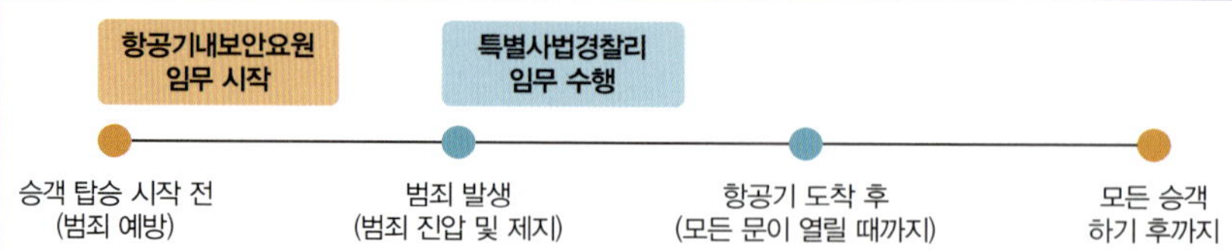	

출처: 박수진, 항공기 내 보안 제도 개선에 관한 법적 연구, 한국항공대학교 박사학위 논문, 2020

03 기내 불법 방해행위 진압 장비 및 실습

우리나라는 법체계를 정비하고 처벌의 수위를 높이는 등 항공보안법을 개정하고 승무원의 법적 지위를 확보하여 불법 방해행위를 근절하기 위해 노력하고 있다. 이와 더불어 난동 행위자를 제압할 수 있는 물리적 장치도 보완하고 있다. 객실승무원은 이러한 장비의 사용법을 정확히 익히고 난동 행위자를 적절히 제압하기 위한 교육훈련을 받아야 한다.

1) 올가미형 케이블

참고영상

항공사는 기내에서 난동을 부리는 사람을 신속하게 포박하기 위해 올가미형 케이블과 수갑 등의 신형 장비를 도입하여 운영 중이다. 올가미형 케이블은 재사용이 가능한 형태이며, 올가미형이라 사용하기 쉽고 열쇠로 해제한다. 인장 저항이 200kg 이상이고 1,000회 이상 사용할 수 있다.

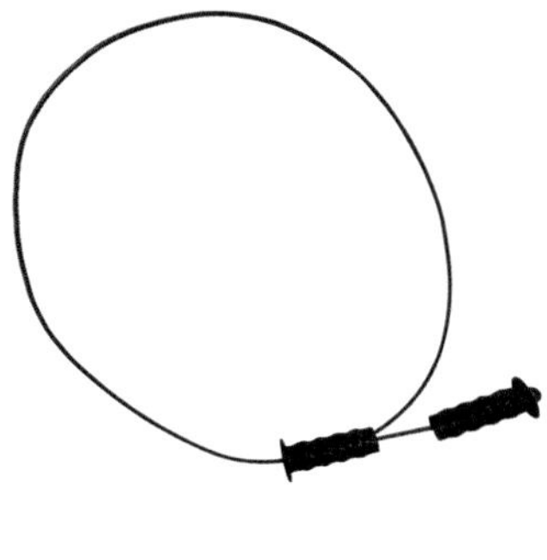

실습영상

2) 키핸즈컵스

키핸즈컵스(key hands cups)는 손과 발을 결박하는 플라스틱제 수갑으로, 사용이 용이하고 견고하다. 재사용이 가능하며 열쇠로 해제할 수 있다. 또한 타이랩(tie wrap)은 잘라낼 수 있는 플라스틱제 수갑으로, 많은 개수가 탑재된다.

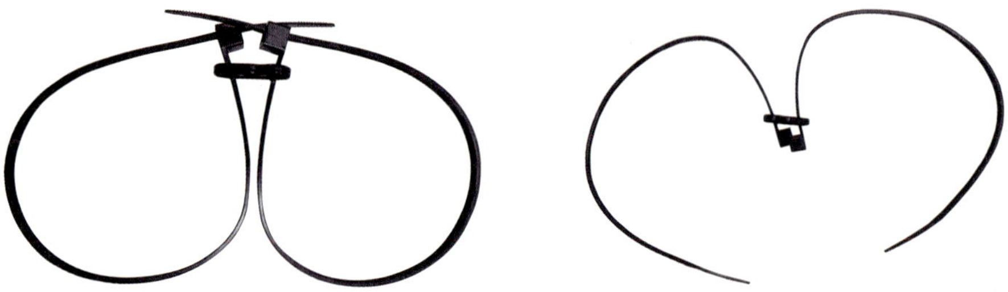

키핸즈컵스

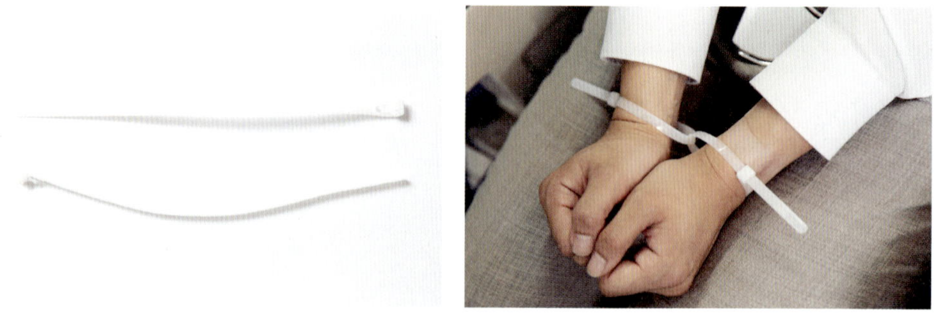

타이랩

실습영상

3) 포승줄

기내에서 불법 방해행위를 하는 승객을 포박하기 위한 장비이다. 통상적으로 승객이 좌석에 앉은 상태에서 좌석과 승객을 함께 포승줄로 묶어 이동할 수 없게 한다.

4) 테이저건

참고영상

테이저건(taser gun)은 전기 충격으로 중추신경계를 일시적으로 교란시켜 상대를 무력화하는 비치사성 무기로, 목표물을 향해 전극 바늘을 발사하여 전류를 흘려보내도록 설계되었다. 참고로 'taser'는 'Thomas A. Swift's Electric Rifle'의 약자이다. 테이저건은 본체, 카트리지, 배터리, 배터리 잔량 확인 창, 안전장치 등으로 구성되어 있다. 카트리지를 장착한 상태에서 원거리(2~3m) 탐침을 발사하여 전류가 흐르게 할 수도 있고, 카트리지를 장착하지 않고 스턴건 형태로 본체를 직접 신체에 접촉하여 사용할 수도 있다.

우리나라에서는 경찰의 총기 사용 부작용을 보완하기 위해 비치사성인 테이저건이 2005년부터 경찰에 보급되었다. 연구 결과에 따르면 경찰이 테이저건을 사용한 이후 총기 사용 건수가 줄어들었으며, 이는 테이저건 도입 취지에 부합하는 긍정적인 결과라고 볼 수 있다.

2001년에 발생한 9·11 테러 이후 국토교통부의 지시에 따라 일부 국내 항공사는 기내에서 난동을 부리는 승객을 효과적으로 제압하기 위해 테이저건을 비치하여 사용하고 있다. 특히 항공기는 내부가 협소하고 복잡한 설비 및 시설로 이루어진 특수한 환경이므로 객실승무원은 상황을 잘 판단하여 테이저건을 그 자체로 사용하거나 스턴건 형태로 사용해야 한다.

테이저건은 생명을 위협하거나 신체적 후유증이 심각한 무기가 아니지만 항공보안법에 무기로 규정되어 있다. 또한 테이저건을 맞은 사람이 다시는 경험하고 싶은 않은 통증이라고 표현할 만큼 큰 고통을 준다. 따라서 교육훈련을 받은 사람만이 적법한 절차에 따라 사용해야 한다. 이에 객실승무원은 초기 훈련 시 테이저건 사용법, 주의 사항 등을 교육받고, 매년 1회의 보수 훈련 시 반복 훈련을 받고 있다.

오늘날 항공사는 기내 불법 방해행위를 근절하기 위해 테이저건을 적극적으로 사용하려는 추세이다. 그러나 테이저건을 맞은 사람이 부상을 입거나, 극히 드물지만 사망하는 사례도 있다. 따라서 객실승무원은 다음과 같은 주의 사항을 잘 숙지하고 테이저건을 적절히 사용해야 한다.

- 약 5만 볼트의 고압 전류가 약 5초간 흐른다.
- 테이저건의 카트리지에는 2개의 탐침이 들어 있다.
- 카트리지가 일회용이므로 발사할 때마다 교체해야 한다.
- 2개의 탐침이 모두 신체에 꽂혀야 전류가 흐른다.
- 전극이 본체와 유선으로 연결되어 있어 5초를 다 채우기 전에 안전장치를 내려 전류를 차단할 수 있다. 그리고 발사 후 다시 방아쇠를 당겨 전류를 흘려보낼 수 있다.
- 테이저건을 사용하기 전에 기장에게 보고해야 한다.
- 카트리지 발사 거리가 약 2~3m이므로 적정 거리를 유지해야 한다.
- 탐침이 안면에 꽂히면 실명할 수도 있으므로 가급적 등 쪽에서 발사한다.
- 테이저건을 사용하기 전에 불법행위를 멈추도록 반드시 경고하고 주위 사람들에게 주의를 준 다음 발사한다.

Dave Thompson - PA Images/PA Images via Getty Images

Gareth Fuller/PA Images via Getty Images

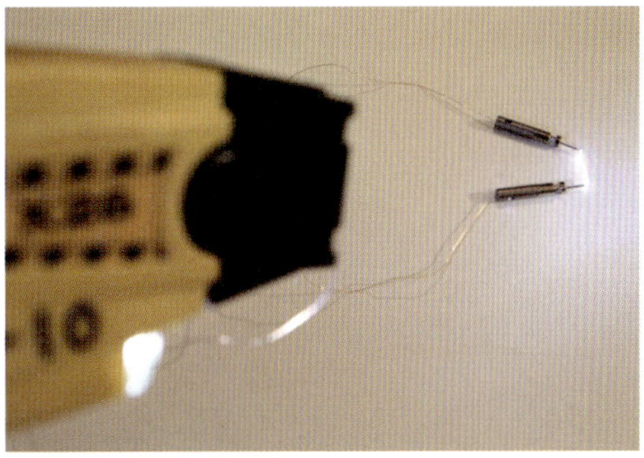

THOMAS COEX/AFP via Getty Images

테이저건 사고 사례

2010년 5월 30일, 술에 취하여 흉기로 자해를 하려던 남성이 경찰이 쏜 테이저건에 맞고 쓰러지면서 자신이 들고 있던 흉기에 찔려 숨졌다. 그리고 2013년 4월 24일에는 경찰이 만취 상태로 싸움을 하던 여성을 제압하는 과정에서 잘못 발사된 테이저건이 여성의 얼굴에 맞아 실명되었다.

테이저건을 맞고 사망한 사례도 있다. 2022년 1월 28일, 경찰이 지명 수배자를 연행하려던 중 지명 수배자가 저항하면서 난동을 부리자 테이저건을 사용하여 제압했는데, 테이저건을 맞고 의식을 잃어 며칠 뒤 사망했다.

04 기내 불법 방해행위 대응 절차

객실승무원이 수행해야 하는 기내 불법 방해행위 대응 절차는 형사소송법에 따른 현행범인 체포, 증거 수집·보존 등 수사 절차의 직무와 동일하다. 이러한 직무를 수행할 때는 적법한 절차를 준수하는 것이 무엇보다 중요하다. 기내에서 불법 방해행위자가 아무리 중한 죄를 저질렀더라도 적법한 절차에 따라 임무를 수행하지 않으면 추후에 무죄 판결이 날 수 있다. 또한 과잉 대응, 인권 침해 등으로 항공사나 객실승무원에게 손해배상 책임이 돌아갈 수도 있다. 따라서 기내 불법 방해행위자에 대한 대응 절차를 자세히 알아보자.

1) 경고

기내 난동으로 확정되면 난동 행위를 멈추도록 단호하게 경고한다. 이때 객실승무원은 항공기내보안요원, 특별사법경찰리로서의 지위를 알리고, 항공보안법을 위반하고 있다는 사실을 고지해야 한다. 객실승무원은 서비스 업무를 겸하고 있어 승객이 객실승무원을 서비스인으로만 인식하는 경우가 많다. 따라서 객실승무원이 기내 난동을 제압하는 특별사법경찰리로서의 법적 지위도 가지고 있음을 알려줌으로써 승객의 인식을 전환해야 한다. 경우에 따라서는 이와 같은 단호한 경고만으로도 난동 행위를 중단시킬 수 있다. 기내 불법 방해행위자에게 대응할 때 객실승무원은 서비스인이 아니라 항공기내보안요원, 특별사법경찰리이므로 단호한 음성과 강경한 태도를 유지해야 한다.

2) 증거 자료 확보

항공기내보안요원은 불법 방해행위를 제압할 뿐만 아니라 그 증거물을 확보해야 할 의무가 있으며, 불법 방해행위자를 경찰에 인계할 때 증거물을 함께 제출해야 한다. 증거 자료 없이 불법 방해행위자를 경찰에 인계하면 본인의 행위를 부정하거나, 증거 부족 등의 사유로 훈방되는 경우가 빈번하다. 기내 불법 방해행위를 녹화·녹취하면 그러한 행위의 중단을 유도할 수도 있고, 법적 대응의 증빙 자료로 활용할 수도 있다. 범죄 현장을 촬영한 영상은 수사에 결정적인 역할을 할 뿐 아니라 공판 절차에서 중요한 증거 자료로 사용된다.

3) 체포 및 구금

범죄를 실행하고 있거나 실행하고 난 직후의 사람을 현행범인이라고 한다. 항공기내보안요원, 특별사법경찰리인 객실승무원은 현행범인을 체포할 수 있으며, 체포 시 긴급성, 범인·범죄의 명백성이 요구된다. 현행범인의 경우 일반인에게도 체포의 권한이 있으나 일반인에게는 체포의 의무가 없다. 현행범인으로 체포하기 위해서는 체포 시점에 범인임이 명백해야 하며, 범죄 성립 여부가 의심스러운 경우에는 현행범인으로 체포할 수 없다. 기내에서 현행범인을 체포한 후 구금할 필요가 있을 때는 기내 구금 장비로 구금할 수 있다.

4) 피의 사실 고지

형사소송법 제200조의5(체포와 피의 사실 등의 고지)에 따르면 검사 또는 사법경찰관은 피의자를 체포할 때 피의 사실의 요지, 체포의 이유, 변호인을 선임할 수 있음을 말하고 변명할 기회를 주어야 한다. 또한 묵비권 행사에 대해서도 안내해야 한다. 이러한 피의 사실 고지를 미란다 원칙(Miranda rule)이라고도 한다. 기내에서 객실승무원이 현행범인을 체포·구속할 때도 마찬가지로 피의 사실의 요지, 체포의 이유, 변호인을 선임할 수 있음을 말하고 변명할 기회를 주어야 한다. 현행범인을 체포하기 위해 실력을 행사하기 전에 고지하는 것이 원칙이지만, 경우에 따라 현행범인을 붙들거나 제압한 후 지체 없이 하면 된다.

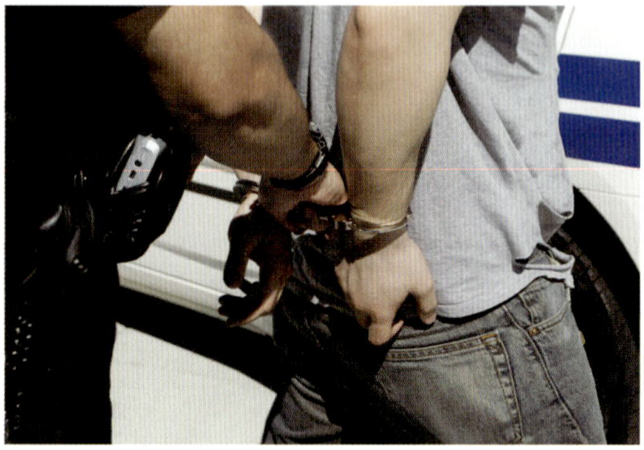

항공 지식

미란다 원칙의 유래

1963년에 미국 애리조나주에서 에르네스토 미란다(Ernesto Miranda)가 체포되었다. 그는 은행에서 8달러를 강탈한 혐의로 체포되었는데, 범행을 자백하는 과정에서 18세 소녀를 강간했다는 또 다른 죄를 진술했다. 그런데 그 자리에 변호사가 입회하지 않았고, 후에 재판 과정에서 미란다 측이 이를 지적하면서 법적 권리를 충분히 고지받지 못했으므로 그 진술서는 증거가 될 수 없다고 주장했다. 경찰은 미란다의 자백이 적힌 진술서를 바탕으로 기소하여 애리조나주 법원에서 승소했다. 그러나 연방 대법원은 경찰 심문 중에 변호인의 도움을 받을 권리가 충분히 보장되지 않았고, 진술 거부권도 효과적으로 보장되지 않았으며, 진술서에 피고가 자신의 법적 권리를 충분히 안다고 기재하는 것만으로는 피고가 헌법상 권리를 포기한다고 보기 어려우므로 해당 진술서는 증거가 될 수 없다면서 판결을 기각하고 사건을 애리조나주 법원으로 환송했다. 이 사건을 계기로 경찰이나 검찰이 범죄 피의자를 체포할 때 혐의 사실의 요지, 체포 이유, 변호인을 선임할 수 있는 권리와 진술을 거부할 수 있는 권리 등이 있음을 미리 알려주어야 한다는 원칙을 적용하게 되었다.

기내에서의 피의 사실 고지

"귀하는 항공기 내에서 다른 사람을 성희롱했으므로 항공보안법 제23조 위반으로 현행범으로 체포합니다. 변호인을 선임할 수 있고, 묵비권을 행사할 수 있으며, 변명할 권리가 있습니다."

5) 목격자 확보

일반적으로 범죄 수사를 위해 수사 기관에서 조사를 받는 사람 중 피의자 이외의 사람을 참고인이라고 하며, 기내 불법 방해행위로 인해 조사를 벌일 때의 참고인은 대개 주변의 승객, 피해자, 객실승무원이다. 기내 불법 방해행위 대응에 관한 객관성을 얻어 추후 법적 조치 시 활용할 수 있도록 객실승무원은 참고인(목격자) 및 해당 사건에 대한 기록을 확보해야 한다. 목격자는 사건 수사의 협조자일 뿐이므로 기내에서 목격한 사실 등에 대한 진술서 작성을 강제로 요구할 수 없다.

6) 경찰 인계

항공보안법 제25조에 의거하여 기내 불법 방해행위자는 공항에 도착한 후 경찰에 인계해야 한다. 국토교통부 자료에 따르면 기내 불법 방해행위자의 국가경찰관서 인계 현황은 2011년 40건에서 2020년 133건으로 계속해서 증가하는 추세이다. 기내 흡연의 경우도 경찰에 인계하도록 바뀜으로써 기내 흡연이 가장 큰 비중을 차지하고 있다.

기내 불법 방해행위가 발생하면 객실승무원은 기장에게 상황을 보고하고, 기장은 통제 센터를 통해 도착지 공항의 경찰 대기를 요청한다. 그러면 보통은 공항 경찰이 항공기 주 출입구 도어에 대기하고 있으며, 객실승무원이 현행범인 체포서, 확인서, 진술서 원본을 피체포자와 함께 인계한다. 특별사법경찰리로서 객실승무원의 직무 수행 범위는 항공기 도어를 개방하는 시점까지이며, 이는 도착지 공항에서 경찰에 인계하는 시점까지를 의미한다.

서류	작성자	내용
현행범인 체포서	항공기내보안요원	기내 불법 방해행위자 체포·구금 시 작성
확인서	기내 불법 방해행위자 또는 항공기내보안요원	기내 불법 방해행위자 체포·구금 시 작성
진술서	항공기내보안요원 목격자	기내 불법 방해행위 목격 시 작성

Free Wind 2014/Shutterstock.com

<table>
<tr><td colspan="4">진 술 서(간이 공통)</td></tr>
<tr><td>성명</td><td colspan="2">(   ) 이명 :</td><td>성별</td></tr>
<tr><td>연령</td><td>만 세</td><td>생년월일</td><td>. . .</td></tr>
<tr><td>등록
기준지</td><td colspan="3"></td></tr>
<tr><td>주거</td><td colspan="3"></td></tr>
<tr><td>자택 전화</td><td></td><td>직장 전화</td><td></td></tr>
<tr><td>직업</td><td></td><td>직장</td><td></td></tr>
<tr><td colspan="4">위의 사람은 항공보안법 위반(   ) 사건의 (피해자, 목격자, 참고인)으로서 다음과 같이 임의로 자필진술서를 작성 제출함</td></tr>
<tr><td colspan="4">

20 . . .

작성자 ㊞</td></tr>
</table>

출처: 항공운송 사업자의 항공기내보안요원 등 운영지침

확 인 서

성　　명 :　　　　　　　　　(　　　　)

생년월일 :　　　.　　　.　　　.(　　　세)

주　　거 :

본인은 20　　.　　.　　.　　:　　경　　　　에서 체포·긴급체포·현행범인체포·구속되면서 피의 사실의 요지, 체포·긴급체포·현행범인체포·구속의 이유와 변호인을 선임할 수 있으며, 체포·구속적부심을 청구할 수 있음을 고지받고 변명의 기회가 주어졌음을 확인합니다.

20　　.　　.　　.

위 확인인　　　　　　　㊞

위 피의자를 체포·긴급체포·현행범인체포·구속하면서 위와 같이 고지하고 변명의 기회를 주었음(변명의 기회를 주었으나 정당한 이유 없이 기명날인 또는 서명을 거부함).

20　　.　　.　　.

항공운송사업자(　　　　　　　항공)

항공기내보안요원　　　　　　㊞

출처: 항공운송 사업자의 항공기내보안요원 등 운영지침

<table>
<tr><th colspan="3">현행범인 체포서</th></tr>
<tr><td rowspan="4">피의자</td><td>성명</td><td>(　　　)</td></tr>
<tr><td>생년월일</td><td>.　　.　　.(　　세)</td></tr>
<tr><td>직업</td><td></td></tr>
<tr><td>주거</td><td></td></tr>
<tr><td colspan="2">변호인</td><td></td></tr>
<tr><td colspan="3">위의 피의자에 대한　　　　　　피의사건에 관하여「형사소송법」제212조에 따라 동인을 아래와 같이 현행범인으로 체포함

.　　.　　.

항공운송사업자(　　　　　항공)
항공기내보안요원　　　　㊞</td></tr>
<tr><td colspan="2">체포한 일시</td><td></td></tr>
<tr><td colspan="2">체포한 장소</td><td></td></tr>
<tr><td colspan="2">범죄 사실 및
체포의 사유</td><td></td></tr>
<tr><td colspan="2">체포자의
관직 및 성명</td><td></td></tr>
<tr><td colspan="2">인치한 일시</td><td></td></tr>
<tr><td colspan="2">인치한 장소</td><td></td></tr>
<tr><td colspan="2">구금한 일시</td><td></td></tr>
<tr><td colspan="2">구금한 장소</td><td></td></tr>
</table>

출처: 항공운송 사업자의 항공기내보안요원 등 운영지침

7) 기내 불법 방해행위 대응 절차 실습

<table>
<tr><th colspan="6">시나리오 기반 안전 업무 실습</th></tr>
<tr><td>실습일</td><td colspan="2">년 월 일</td><td>실습 과목명</td><td colspan="2"></td></tr>
<tr><td>학번</td><td></td><td>이름</td><td></td><td>평가자</td><td></td></tr>
<tr><td>실습 주제</td><td colspan="5">비행 중 기내 불법 방해행위자 대응 절차</td></tr>
<tr><td>실습 목표</td><td colspan="5">• 기내 불법 방해행위자에 대해 적절한 대응 조치를 취할 수 있는가?
• 상황에 따라 승무원 간에 협력할 수 있는가?
• 상황에 따라 적절히 의사소통을 할 수 있는가?</td></tr>
<tr><td>비행 단계</td><td colspan="3">순항 중</td><td>장소</td><td>객실</td></tr>
<tr><td>CRM 스킬</td><td colspan="5">• 상황 인식
• 의사소통
• 승무원 간의 협력</td></tr>
<tr><td>상황</td><td colspan="5">식사 서비스 후 승객이 휴식을 취하는 시점에 28C의 남성 승객이 뒷좌석 남성 승객과 좌석과 관련된 말다툼을 하던 중 뒷좌석 남성 승객의 얼굴을 주먹으로 가격했다. 객실을 순회 중이던 객실승무원이 이를 최초로 목격했다.</td></tr>
<tr><td>조건</td><td colspan="5">• 대부분의 승객이 취침 중이었는데, 소란이 일자 일부 승객이 일어났다.
• 총 7명의 객실승무원이 근무 중이다.</td></tr>
<tr><td colspan="6">기내 불법 방해행위자 대응 절차를 실습한 후 자신의 생각을 정리해봅시다.</td></tr>
</table>

정리해보기

1. 다양한 기내 불법 방해행위에 대응할 때 객실승무원의 태도와 유의점을 정리하시오.

2. 기내 불법 방해행위를 근절하기 위한 개선 방안을 정리하시오.

CHAPTER **6**

항공 테러 시 대응 조치

AVIATION TERRORISM

최근의 항공 테러는 유형이 광범위하며, 팬데믹으로 사회·경제적 갈등이 고조되면서 인종, 종교 등에 기반한 혐오 범죄와 자생적 테러 위협이 증가하고 있다. 테러범은 무고한 민간인을 대상으로 최소의 비용과 노력으로 최대의 효과를 내기 위해 항공 테러를 감행한다. 이에 국제 협약을 통해 항공 테러를 방지·대응하기 위해 노력하고 있으나, 그럼에도 불구하고 근절되지 않다가 역사상 최악의 9·11 테러가 발생했다. 이후 전 세계는 항공 테러의 심각성을 깊이 인식하고 항공기를 이용한 자살 테러, 사이버 테러 등 다양한 양상에 대비한 항공보안 관련 대책을 마련하고 있다. 이 장에서는 항공 테러 사례를 통해 보안 의식을 강화하고, 객실승무원의 역할과 대응 조치를 자세히 알아본다.

학습 목표

- 항공기 납치, 항공기 파괴, 생화학 무기를 이용한 테러 등 항공 테러의 유형을 이해할 수 있다.
- 항공 테러의 유형에 따른 적절한 대응 조치를 익혀 승객의 안전을 확보할 수 있다.

학습 내용

- 항공 테러의 유형
- 항공기 납치 시 객실승무원의 대응 조치
- 폭발물, 생화학 무기 발견 시 객실승무원의 조치
- 항공보안 장비

01 항공 테러의 개요

항공 여객운송 산업이 시작된 이래 끊임없이 자행되는 항공 테러는 항공기 납치, 폭발물에 의한 공중 폭파, 생화학물질 테러, 사이버 테러 등 그 수법이 교묘해지고 있다. 항공 여객운송은 전 세계 사람들의 관심이 집중되는 글로벌 산업으로서 민간 항공기, 항공교통 이용자, 공항 및 항행시설을 대상으로 테러범들이 목적을 달성하기 위해 극대화된 공포를 야기하여 국제 질서와 평화를 위협하고 있다.

항공 테러는 고의성이 강한 불법 방해행위이므로 예방과 대응이 매우 중요하다. 따라서 '항공기 내에서 범한 범죄 및 기타 행위에 관한 협약'(도쿄 협약, 1963), '항공기의 불법 납치 억제를 위한 협약'(헤이그 협약, 1970), '민간 항공의 안전에 대한 불법적 행위의 억제를 위한 협약'(몬트리올 협약, 1971), '민간 항공의 안전에 대한 불법적 행위의 억제를 위한 협약'을 보충하는 '국제 민간 항공에 사용되는 공항에서의 불법적 폭력 행위의 억제를 위한 의정서'(몬트리올 의정서, 1988), '가소성 폭약의 탐지를 위한 식별 조치에 관한 협약'(1991) 등의 국제 협약에서 테러 대응에 대한 국제법적 제재를 규정했으며, 우리나라는 이를 토대로 항공보안법과 테러방지법을 통해 항공 테러에 대비하고 있다.

1) 정의

'테러(terror)'의 어원은 '커다란 공포, 죽음의 심리 상태'라는 뜻의 라틴어 '*terre*'이며, '테러리즘(terrorism)'은 '정치적·종교적·사상적 목적을 달성하기 위해 행하는 폭력 행위 또는 폭력 행위를 이용하여 특정 목적을 이루려는 사상이나 주의자'를 의미한다. 테러의 정의는 다양하며 테러와 테러리즘을 혼용하여 사용하기도 하나, 테러는 '공포 또는 불안을 확산시켜 정치적 목적을 달성하기 위해 계획된 조직 집단에 의한 폭력적 범죄 활동 등'을 포괄적으로 의미한다.

우리나라는 테러 예방 및 대응 활동 등에 관해 필요한 사항과 테러로 인한 피해 보전 등을 규정함으로써 테러로부터 국민의 생명과 재산을 보호하고 국가 및 공공의 안전을 확보하는 것을 목적으로 '국민 보호와 공공안전을 위한 테러방지법(이하 테러방지법)'을 마련했다. 테러방지법에 따르면 '테러'란 국가·지방자치단체 또는 외국 정부(외국 지방자치단체와 조약 또는 그 밖의 국제적인 협약에 따라 설립된 국제기구 포함)의 권한 행사를 방해하거나 의무 없는 일을 하게 할 목적 또는 공중을 협박할 목적으로 하는 행위를 말한다.

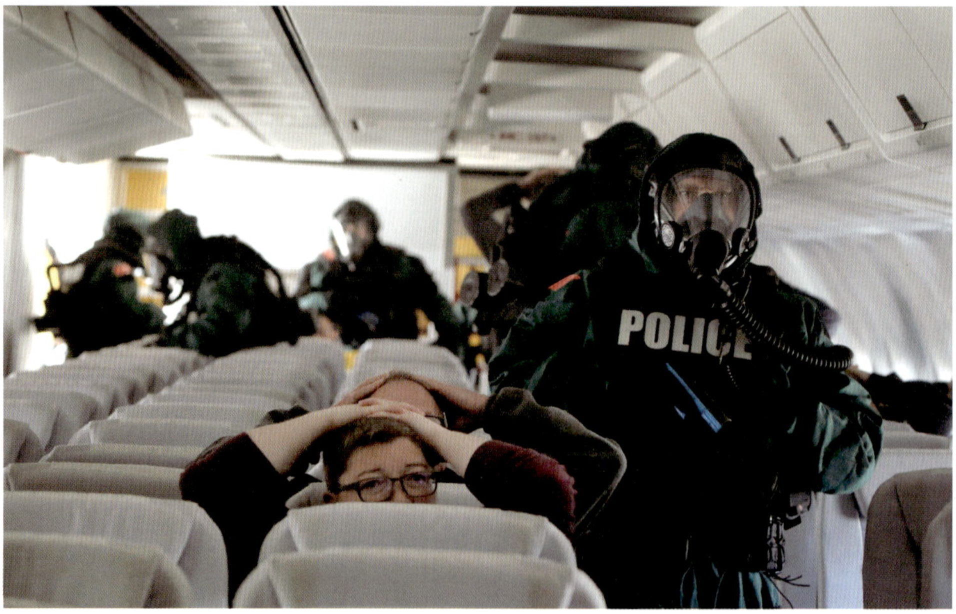

Paul Chinn/The San Francisco Chronicle via Getty Images

Chung Sung-Jun via Getty Images

테러방지법 제2조

가. 사람을 살해하거나 사람의 신체를 상해하여 생명에 대한 위험을 발생하게 하는 행위 또는 사람을 체포·감금·약취·유인하거나 인질로 삼는 행위

나. 항공기와 관련된 다음 각각의 어느 하나에 해당하는 행위

1) 운항 중인 항공기를 추락시키거나 전복·파괴하는 행위, 그 밖에 운항 중인 항공기의 안전을 해칠 만한 손괴를 가하는 행위

2) 폭행이나 협박, 그 밖의 방법으로 운항 중인 항공기를 강탈하거나 항공기의 운항을 강제하는 행위

3) 항공기의 운항과 관련된 항공시설을 손괴하거나 조작을 방해하여 항공기의 안전운항에 위해를 가하는 행위

(이하 생략)

2) 항공 테러 발생 시 승무원 역할의 중요성

일반적으로 항공 테러에는 폭력과 목적성이 수반되므로 항공 여객운송 산업에서 어느 한 분야만 대책을 마련한다고 해서 테러를 막을 수 있는 것이 아니다. 항공 테러를 예방하기 위해서는 국가 관계 기관, 공항, 항공사 등의 유기적인 협조

가 무엇보다 중요하며, 점점 진화하는 항공 테러에 대비할 수 있는 첨단 항공보안 장비 및 시스템의 도입도 필요하다.

항공 테러는 인적·물적 손실을 초래할 뿐만 아니라 모든 사람에게 극도의 공포심을 불러일으키고 심리적 타격을 주는 등 그 여파가 걷잡을 수 없이 확대되므로 반드시 사전에 예방해야 한다. 대표적인 예로 9·11 테러의 경우 3,000명 이상의 사망자와 20,000명 이상의 부상자가 발생했다. 9·11 테러는 항공 테러로 시작되었으나 항공기를 무기로 사용하여 지상의 주요 국가 기관 및 건물을 파괴함으로써 항공기 탑승자를 비롯해 수많은 인명과 재산 피해를 가져왔다.

생각해보기 기내에서 항공 테러가 발생했을 때 승무원의 역할이 왜 중요한가?

3) 항공 테러 사례

공중 납치, 기내 폭발물 설치, 폭파 위협 등 항공 테러의 기본적인 형태는 유사하나 시대에 따라 조금씩 달라지고 있다. 1960년대에는 주로 정치적 망명을 위해 또는 테러 조직이 구속된 동료 석방을 목적으로 항공기를 납치하는 테러가 성행했다. 이후 항공기에 무장한 요원이 탑승함으로써 공중 납치가 어려워지자 1970년대에는 항공기 내 폭발물 설치 및 위협 사례가 증가했다. 공항 보안 검색이 강화된 1980년대에는 공항 및 항행 안전시설의 폭파 위협이 주를 이루었다. 1980년 중반 이후부터 1990년대에는 미사일 제조 기술이 비약적으로 발전함에 따라 민간 항공기에 대한 미사일 공격 테러가 발생하기도 했다.

항공 테러 역사상 가장 큰 피해를 일으킨 2001년의 9·11 테러는 납치한 항공기를 무기로 사용한 자살 폭발 테러였다. 이처럼 최근의 항공 테러는 대량 인명 살상을 목적으로 하며, 테러 집단의 비호 세력을 보호하고 공포 효과를 극대화하기 위해 정체를 밝히지 않는 '얼굴 없는 테러'를 자행함으로써 테러범 색출 및 근절이 어렵다. 게다가 저렴한 비용 대비 피해가 큰 독가스 살포 등의 생화학 테러가 자행되고 있다. 이 절에서는 항공 테러 사례를 통해 테러의 동향을 살펴보자.

(1) 사례 1

1958년 2월 16일, 부산에서 출발하여 서울로 향하던 대한국민항공사(KNA) 소속 창랑호가 평택 상공에서 납치되었다. 이는 우리나라 최초의 항공기 납치 사건으로, 당시 창랑호에는 승객 31명과 승무원 3명이 타고 있었다. 납치범들은 승객 중 군인 2명을 때려 실신시키고 총기로 조종사를 위협하여 북한 평양에 강제로 착륙시켰다. 탑승객 중에는 미국인과 독일인이 포함되어 있어 주한 미국 대사관과 독일 대사관이 승객 송환을 위해 적극적인 활동을 벌였다. 우리나라 정부는 UN군에 협력을 요청했고, UN군은 기체 송환을 북한에 요구하여 1958년 3월 8일 26명(납치범 제외)이 판문점을 통해 우리나라로 돌아왔다. 그러나 창랑호 기체는 반환받지 못했다.

(2) 사례 2

1987년 11월 29일, 이라크 바그다드 국제공항에서 출발하여 김포 국제공항에 도착하려던 대한항공 여객기가 인도양 상공에서 실종되었다. 해당 여객기에는 승객 104명과 승무원 11명이 타고 있었다. 조사 결과에 따르면 부녀로 위장한 북한 공작원 2명이 폭파용 라디오와 액체 폭약이 든 쇼핑백을 기내 선반에 놓고 중간 경유지인 아부다비에서 내렸고, 아부다비를 떠난 여객기가 인도양 상공에서 폭파되었다. 북한 공작원들은 검거된 후 담뱃갑에 숨겨둔 독약을 먹고 자살을 시도했는데, 남자는 사망하고 여자는 살아남았다. 이 사고는 서울 올림픽을 방해하기 위한 북한의 테러로 결론이 났으며, 이후 보안 검색의 중요성에 대한 인식이 강화되었다.

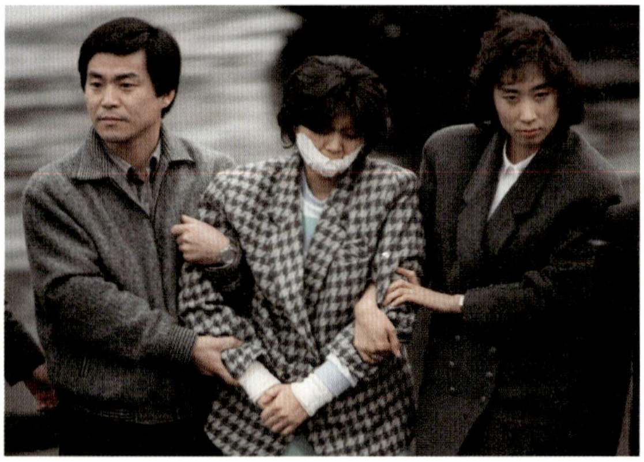

(3) 사례 3

2012년 6월 29일, 중국 허톈에서 출발하여 우루무치로 향하던 텐진항공 7554편에서 항공기 납치 시도가 있었다. 납치범 6명은 이륙한 직후 조종실로 난입하려 했으나 승무원과 기내보안요원, 승객들에 의해 제지당했다. 납치범 중 일부는 장애인으로 위장하여 가지고 있던 지팡이를 무기로 사용했다. 조사 결과 폭발물, 뇌관, 라이터 등을 소지한 것으로 밝혀져, 항공기 폭파를 시도했으나 실패한 것으로 확인되었다.

(4) 사례 4

2016년 2월 2일, 승객 74명과 승무원 7명을 태우고 소말리아 모가디슈에서 출발하여 지부티로 향하던 달로항공 159편에서 폭탄이 폭발했다. 이로 인해 기체에 구멍이 뚫렸고 승객 1명이 빨려나가 사망했으나 해당 여객기는 모가디슈로 회항하여 무사히 착륙했다. 조사 결과 테러범이 폭발물을 휠체어에 설치하고 휠체어 승객으로 가장하여 공항의 허술한 보안 검색을 통과한 것으로 밝혀졌다. 아이러니하게도 기체의 구멍으로 빨려나가 사망한 승객은 바로 테러범이었다.

Stringer/Anadolu Agency via Getty Images

(5) 사례 5

참고영상

1996년 11월 23일, 에티오피아 아디스아바바에서 케냐 나이로비로 향하던 에티오피아항공 961편이 3명의 괴한에게 납치되었다. 조종실을 점령한 납치범들은 정치적 망명을 원한다면서 기장에게 호주로 가라고 명령했고, 이에 기장은 호주까지 갈 만큼의 연료가 없다고 설명했으나 납치범들은 막무가내였다. 노련한 기장은 기수를 돌리는 척하며 아프리카 대륙 동부 해안선을 따라 비행하다 결국 연료가 떨어져 코모로 제도 인근 해상에 비상 착수했다. 이때 피해를 최소화하기 위해 왼쪽 날개를 먼저 수면에 닿게 했으나 항공기 동체가 부서졌으며, 좌석벨트를 하지 않은 납치범들은 그 자리에서 사망했다. 또한 비상 착수 후 승무원의 지시를 따르지 않고 기내에서 미리 구명조끼를 부풀린 승객들도 기체에서 빠져나오지 못하여 사망했다. 승객 163명, 승무원 12명 중에서 승객 44명, 승무원 6명만 목숨을 건졌다.

(6) 사례 6

참고영상

2001년 9월 11일, 미국 뉴욕의 세계무역센터, 워싱턴의 국방부 건물에 각각 항공기가 날아들었다. 이슬람 테러 단체가 민간 항공기를 납치하여 벌인 동시 다발적 자살 테러였다. 납치된 항공기는 모두 4대로, 92명을 태운 아메리칸항공 AA11편, 45명을 태운 유나이티드항공 UA93편, 65명을 태운 유나이티드항공 UA175편, 64명을 태운 아메리칸항공 AA77편이었다. AA11편은 세계무역센터 북쪽 건물과 충돌하고, UA175편은 남쪽 건물과 충돌했다. 이어 AA77편은 국방부 건물과 충돌하고, UA93편은 피츠버그 동남쪽에 추락했다. 이로 인해 110층짜리 세계무역센터 쌍둥이 빌딩이 붕괴되고 국방부 건물이 일부 파괴되었다.

이는 인류 역사상 최악의 테러로, 발생한 날짜를 따서 '9·11 테러'로 불린다. 수천 명의 목숨을 앗아가고 엄청난 경제적 피해를 입힌 9·11 테러는 미국은 물론

Robert Giroux via Getty Images

이고 전 세계를 혼란에 빠뜨렸다. 미국의 부시 대통령은 이 테러를 '21세기 첫 전쟁'으로 규정하고 아프가니스탄에 대한 보복 전쟁을 결정했다. 미국·영국 연합군은 2001년 11월 20일 아프가니스탄 전역을 함락했으며, 반 탈레반 정권인 과도 정부를 수립하여 탈레반과의 전쟁을 종결했다.

4) 항공 테러의 유형

국제민간항공협약의 항공 테러 대응 관련 부분에서는 항공 테러의 유형을 크게 항공기 관련 테러 유형, 공항 관련 테러 유형, 신종 테러 유형으로 구분하고 있다. 이에 따르면 항공기 관련 테러는 항공기에 탑승한 승객에 대한 폭력, 항공기 납치, 항공기 파괴, 항공 안전시설 파괴, 항공기에 대한 허위 정보를 전달하여 위협하는 행위이고, 공항 관련 테러는 물질이나 무기를 사용하여 불법적 또는 의도적으로 공항에 있는 사람에 대한 상해나 사망을 일으킬 가능성이 있는 유형, 공항 운영시설을 파괴하는 행위를 말한다. 또한 신종 테러에는 항공기를 무기로 사용하는 유형, 항공기를 이용하여 화화·생물·방사능 무기·폭발 물질 등 특정 물질을 방출하거나 기내로 반입·운송하는 유형이 포함된다. 이러한 항공 테러 중에서 대표적인 유형을 좀 더 자세히 알아보자.

(1) 항공기 납치

항공기 납치(hijacking, unlawful seizure of aircraft)는 승객과 승무원을 인질로 삼는 대표적 항공 테러이다. 납치범이 생명을 담보로 금전적 보상 또는 조직원 석방 등의 목적을 달성하기 위해 협상을 요구하는 경우가 많다. 항공기 납치는 무고한 사람의 생명을 협박 수단으로 이용하는 가장 비인간적인 테러 행위이다.

이러한 예는 수도 없이 많으며, 1960년대 말부터 지금까지 1,000건이 넘는 항공기 납치가 발생했다. 한 예로 1985년 6월 14일, 이집트 카이로를 떠나 미국 샌디에이고로 향하던 미국 트랜스월드항공 847편이 레바논 시아파 과격 단체에 의해 납치되었다. 납치범들은 시아파 수감자들을 석방할 것을 요구하며 153명의 탑승객을 2주 넘게 인질로 잡고 있었다. 결국 인질을 모두 풀어 주기는 했으나 탑승객 중 한 명이 살해되었다. 또한 9·11 테러 때는 납치범들이 플라스틱 칼로 조종사와 승객을 위협하고 항공기에 폭탄을 설치했다면서 겁을 주어 항공기를 장악하기도 했다.

항공기의 불법 납치 억제를 위한 협약(헤이그 협약) 제1조

비행 중에 있는 항공기에 탑승한 여하한 자도

(a) 폭력 또는 그 위협에 의하여 또는 그 밖의 어떠한 다른 형태의 협박에 의하여 불법적으로 항공기를 납치 또는 점거하거나 또는 그와 같은 행위를 하고자 시도하는 경우 또는

(b) 그와 같은 행위를 하거나 하고자 시도하는 자의 공범자인 경우에는 죄를 범한 것으로 한다.

우리나라 항공보안법 제40조(항공기 납치죄 등)

① 폭행, 협박 또는 그 밖의 방법으로 항공기를 강탈하거나 그 운항을 강제한 사람은 무기 또는 7년 이상의 징역에 처한다.

② 제1항의 죄를 범하여 사람을 사상에 이르게 한 사람은 사형 또는 무기징역에 처한다.

③ 제1항의 미수범은 처벌한다.

④ 제1항 또는 제2항의 죄를 범할 목적으로 예비 또는 음모한 사람은 5년 이하의 징역에 처한다. 다만, 그 목적한 죄를 실행에 옮기기 전에 자수한 사람에 대하여는 그 형을 감경하거나 면제할 수 있다.

(2) 항공기 파괴

항공기를 파괴하는 테러는 대개 엑스레이로 탐지하기 어려운 플라스틱 또는 액체 폭발물을 항공기에 설치하여 항공기를 폭파하는 유형이다. 이렇게 폭발물을 이용하여 항공기를 파괴하면 흔적이 거의 남지 않기 때문에 폭발물 등에 대한 정보를 확인하기가 어렵다. 테러범은 상자, 가방, 텀블러, 캐리어, 신발, 책, 휴대폰, 노트북, 안경 케이스, 지팡이 등 일상생활에서 흔히 사용하는 물건을 가장하여 사제 폭탄을 만들기 때문에 육안으로 선별하는 데 한계가 있다. 따라서 폭발물이 기내로 반입되지 않도록 공항에서 보안 검색을 철저히 해야 한다. 그러나 폭발물 제조 방법이 다양해짐에 따라 보안 검색 시 금속 탐지기로 발견하기 어려운 경우도 있다. 이에 객실승무원은 폭발물에 대한 경각심을 가지고 기내에서 의심스러운 물건이 발견되면 즉시 조치를 취해야 한다.

폭발물은 자극이나 충격 등에 의해 폭발을 일으키는 물질로서 폭약, 뇌관, 전원 장치, 점화 장치로 구성된다. 고체, 액체, 기체, 플라스틱 형태가 있는데, 특히 액체 폭발물은 제작이 용이하고 보안 검색 시 적발하기가 어려운 데다 파괴력이 커서 테러에 이용되곤 한다. 니트로글리세린, 메틸나이트레이트 등의 액체 화학물질은 소량으로도 폭발성이 크고, 쉽게 폭발물로 제조할 수 있으며, 원재료를 구하기가 쉬워 흔히 사용되고 있다. 테러범은 폭약용 화학물질을 음료수병, 아기 우윳병, 술병, 약병 등에 담아와 기내 화장실에서 혼합하고, 별도로 반입한 뇌관과 연결하여 휴대폰 등의 기폭 장치로 터뜨리는 방식으로 자행한다.

목욕용품으로 위장한 사제 액체 폭발물

1987년 11월 29일, 북한 공작원에 의해 폭파된 대한항공 여객기에도 액체 폭발물이 사용되었다. 또한 2006년에는 영국에서 미국 또는 캐나다로 가는 여객기에 청량음료로 위장한 액체 폭발물을 실어 여객기를 폭파하려는 테러 음모 사건이 발생했으나, 다행히 영국 보안 당국이 사전에 이를 적발하여 용의자들을 체포했다. 이후 모든 공항에서는 액체류·젤류 휴대 수하물 제한 규정을 시행하게 되었다.

참고영상

텀블러에 설치한 사제 폭탄

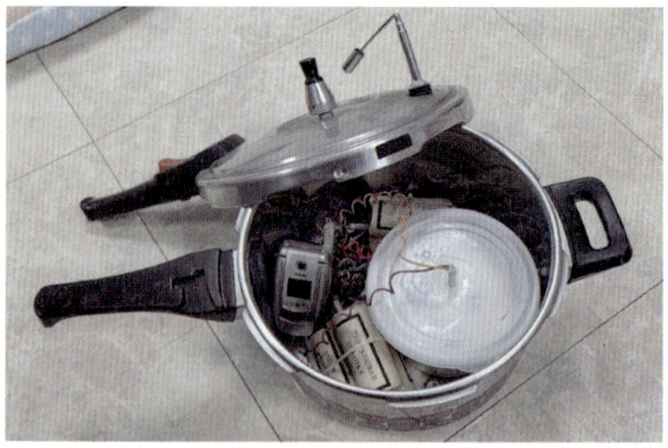

압력솥에 설치한 사제 폭탄

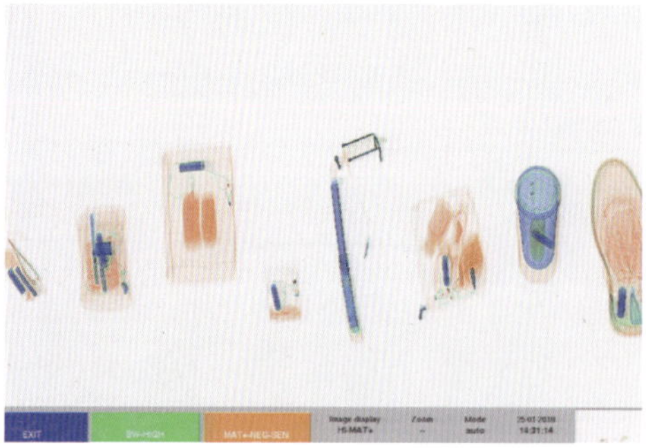

사제 폭탄(생활용품)의 엑스레이 이미지

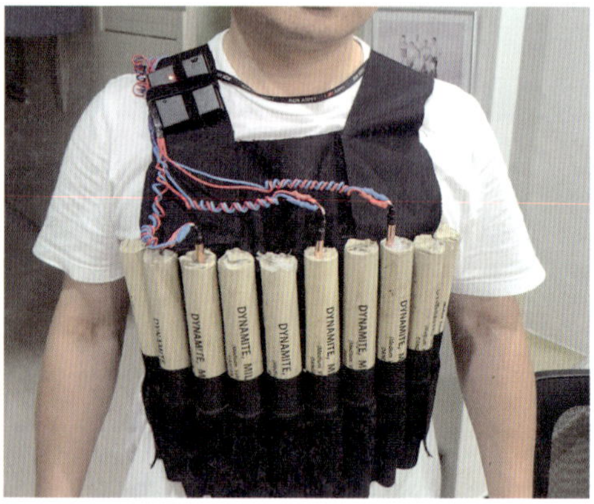

자살 폭탄 조끼

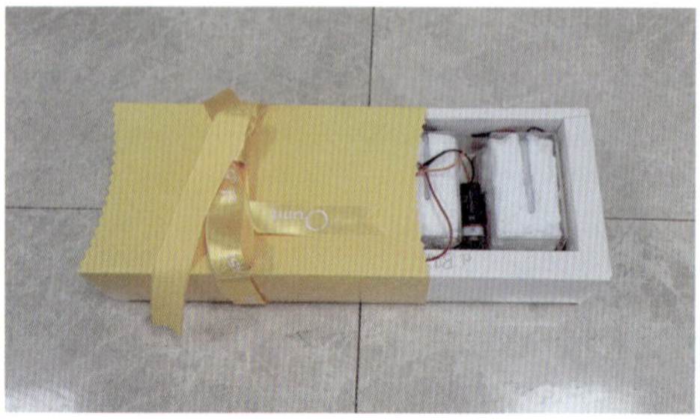

케이크 상자로 위장한 사제 폭탄

아기 베개로 위장한 사제 폭탄

비금속 흉기(빗)

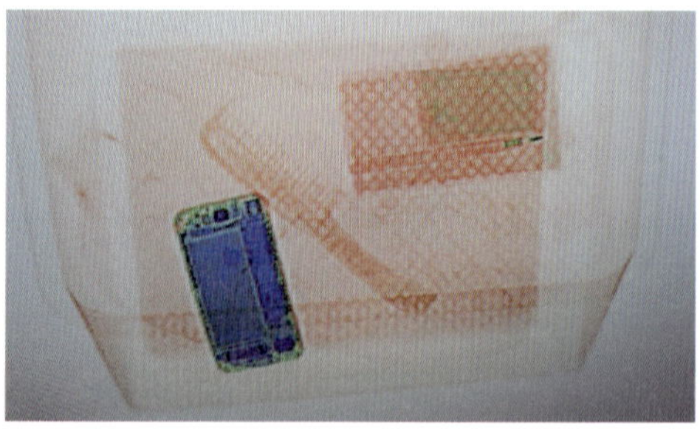

비금속 흉기(빗)의 엑스레이 이미지

항공 사건 사례

2006년에 영국에서 미국, 캐나다로 가는 여객기에 청량음료로 위장한 액체 폭발물을 반입하여 항공 테러를 저지르려는 시도가 있었다. 테러범들은 아세톤퍼옥사이드를 사용한 액체 폭발물로 여객기를 폭파할 계획이었으나, 영국 광역경찰청의 첩보 작전에 발각되어 미수로 그쳤다. 이 일이 있은 후 전 세계의 공항에서 보안 검색을 강화했으며, 승객은 단위 용기 용량이 100mL를 초과하는(총 1L 이하) 액체류·젤류를 기내에 반입할 수 없게 되었다.

(3) 생화학 무기를 이용한 테러

생물학 무기는 바이러스, 세균과 같은 생물을 이용한 무기이고, 화학 무기는 유독한 화학물질을 이용한 무기이며, 생화학 무기는 이 두 가지를 통틀어 일컫는다. 즉 생화학 무기는 생물학적·화학적 물질 또는 매개체를 살포하거나 투사하는 무기이며, 대표적인 예로 탄저균, 천연두 등의 바이러스 무기와 독가스를 들 수 있다. 이러한 생화학 무기는 제조 과정이 간단하고, 적은 비용으로 많은 인명을 살상할 수 있다. 또한 극미량으로도 사망에 이르게 할 수 있으며, 일정 시간의 잠복기가 있어 오염 지역과 감염 여부를 파악하기가 어렵다. 게다가 총기나 폭발물과 같이 정형화된 위해 물품이 아니라 무색, 무취, 무형이기 때문에 보안 검색 시 발견하기가 어려워 위험성이 크다.

생화학 무기를 이용한 항공 테러는 흔치 않지만, 테러범이 생화학 무기를 사용하려 했다는 사실이 밝혀지면서 새로운 위협으로 등장했다. 그러나 항공기 납치나 폭발물에 의한 테러에 비하여 항공 보안이 미흡한 실정이다. 따라서 경각심을 가지고 생화학 무기를 이용한 테러에 적극 대비해야 한다.

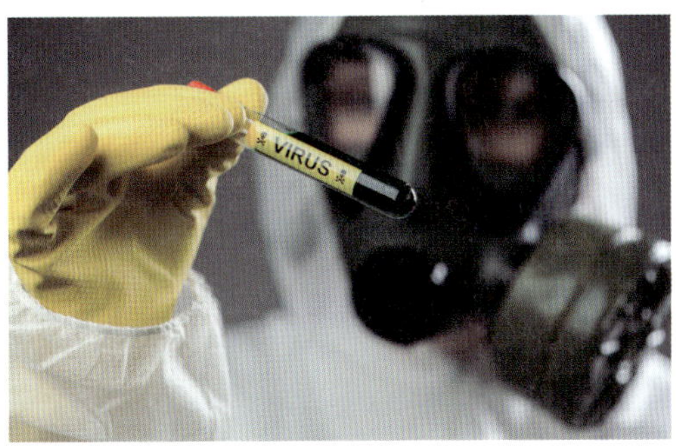

화학 테러 사례

1995년 3월 20일, 일본 도쿄에서 사이비 종교 단체인 옴진리교가 대규모 화학 테러를 저질렀다. 불특정 다수를 상대로 도쿄 지하철에 사린(Sarin) 가스를 살포하여 14명이 숨지고 6,300여 명이 부상을 입었다. 옴진리교의 교인들은 사린을 담은 비닐봉투를 신문지로 포장하여 지하철에 내려놓고 우산으로 구멍을 냈다. 사린은 살상력이 엄청난 신경계 독가스로, 밀폐된 공간에 살포하면 짧은 시간 내에 대규모 인명 피해를 초래할 수 있다. 이 테러 사건은 지하철에서 벌어졌지만 항공기도 그 대상이 될 수 있으므로 항공 관련 기관 및 종사자는 경각심을 가져야 한다.

(4) 기내 사이버 테러

사이버 테러는 정보통신망을 통해 운항, 관제, 출입국 심사, 수하물 검색, 수속 등의 전산 시스템을 공격하여 마비시키는 등 공항과 항공기 운영에 위해를 가하는 테러 유형이다. 과거에는 물리적 보안 위협이 대부분이었으나, 오늘날에는 항공통신 및 항법 시스템, 기내 엔터테인먼트 시스템 등이 구축되어 항공기를 대상으로 하는 사이버 테러의 위협이 증가하고 있다. 이러한 사이버 공격의 예로는 항공사의 IT 인프라·시스템 무단 액세스 권한 및 관리자 암호 탈취, 악의적인 개인 정보 유출 및 도용, 서비스 거부 등이 있으며, 항공사는 이에 대비한 사이버 보안을 마련하고 있다.

기내에서 승객은 기내 엔터테인먼트 시스템을 이용할 뿐만 아니라 휴대용 전자기기로 기내 네트워크를 사용함으로써 사이버 위협에 노출될 수 있다. 또한 객실 승무원은 태블릿 PC로 객실 업무를 수행하므로 승객의 개인 정보를 보호하고 매뉴얼, 항공기 정보, 안전 보안 관련 정보 등을 보호해야 할 의무가 있다. 따라서 정보 보호에 대한 인식 제고를 통해 사이버 테러를 예방해야 한다.

02 기내 보안 장비

항공 테러를 사전에 예방하기 위해서는 승객이 항공기에 탑승하기 전, 즉 공항에서부터 개인의 신분에 대한 보안과 철저한 수하물 검색이 이루어져야 한다. 이에 공항에서는 항공보안 장비로 폭발물, 무기 등을 탐지하는 엑스레이 검색 장비, 금속 탐지 장비, 폭발물 탐지 장비, 폭발물 흔적 탐지 장비, 액체 폭발물 탐지 장비, 원형 검색 장비, 신발 검색 장비 등을 운용하고 있다. 이러한 보안 장비는 성능이 매우 중요하기 때문에 반드시 국가 기관의 인증을 받아야 하며, 사용자는 정확한 사용법을 익혀야 한다.

승객은 철저한 보안 검색을 거친 후 항공기에 탑승하지만, 보안 검색 시 발견하지 못한 폭발물, 무기 등이 기내로 반입되어 테러에 이용될 수도 있다. 만약 기내에서 테러가 발생한다면 객실승무원은 기내에 탑재된 보안 장비를 사용하여 적절히 대응해야 한다. 이에 기내에 탑재되는 보안 장비의 사용법을 자세히 알아보자.

기내에 탑재되는 보안 장비는 비상벨, 방폭 매트, 방폭 재킷, 테이저건, 포승줄, 포박 장비(올가미형 케이블, 키핸즈컵스, 타이랩) 등이다. 테이저건, 포승줄, 포박 장비는 5장에서 다루었으니 이 절에서는 비상벨, 방폭 매트, 방폭 재킷에 대해 설명하겠다.

1) 비상벨

비상벨은 항공기에서 테러나 납치 등 비상사태가 발생했을 때 조종실에 연락을 취할 수 있는 장비로, 기종마다 조금씩 다르나 통상적으로 각 갤리와 승무원 좌석 주변에 장착되어 있다. 비밀리에 기장에게 연락할 수 있기 때문에 인터폰보다 효과적으로 정보를 공유할 수 있는 수단이다.

갤리의 비상벨

2) 방폭 매트, 방폭 재킷

방폭 매트와 방폭 재킷은 비행 중 기내에서 폭발물을 발견했을 때 처리하기 위한 보안 장비이며, 한 세트가 탑재된다. 폭발물을 옮길 필요가 있다고 판단되면 기장의 지시에 따라 항공기내보안요원이 방폭 재킷을 착용하고 '폭발물 피해 최소 구역(least-risk bomb location, LRBL)'으로 폭발물을 옮긴다. 방폭 매트는 폭발물이 폭발하는 경우 피해를 최소화하기 위한 장비로, 최근에는 이동이 불가한 폭발물을 감쌀 수 있는 서클 형태의 방폭 매트도 있다.

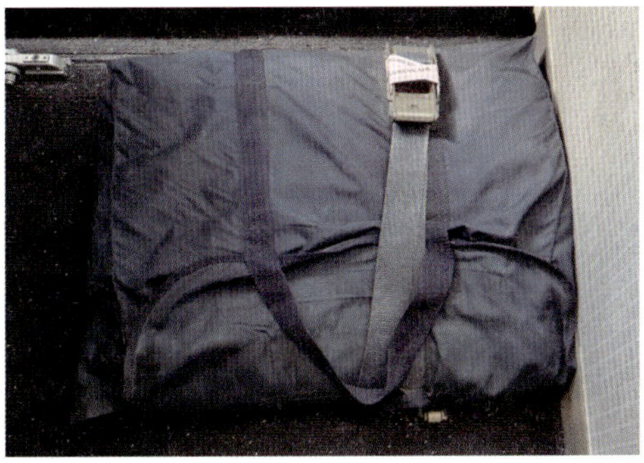

방폭 매트, 방폭 재킷 세트의 외형

방폭 재킷

항공 지식

폭발물 피해 최소 구역

기내에서 폭발물이 발견되면 항공기에 미치는 영향을 최소화하기 위해 정해진 장소로 옮기는데, 이러한 곳을 폭발물 피해 최소 구역이라고 한다. 폭발물 피해 최소 구역은 기내에서 폭발물이 폭발하는 경우 폭발의 강도를 약화하거나 폭발 방향이 전환되도록 지정된 곳이다. 일반적으로 조종실과 가장 거리가 먼 우측 최후방 도어를 폭발물 피해 최소 구역으로 정한다. 객실승무원은 폭발물을 옮기기 전에 폭발물 피해 최소 구역에 다음과 같은 안전 조치를 취해야 한다.

- 주변 전원을 차단한다.
- 주변 승객의 자리를 옮긴다.
- 도어 모드를 정상 위치로 변경한다.
- 바닥에 단단한 수하물을 쌓는다.
- 방폭 매트를 깐 뒤 폭발물 넣고 감싼다.
- 젖은 담요, 수하물, 쿠션 등을 활용하여 벽면을 채운다.
- 끈 등을 이용하여 고정한다.

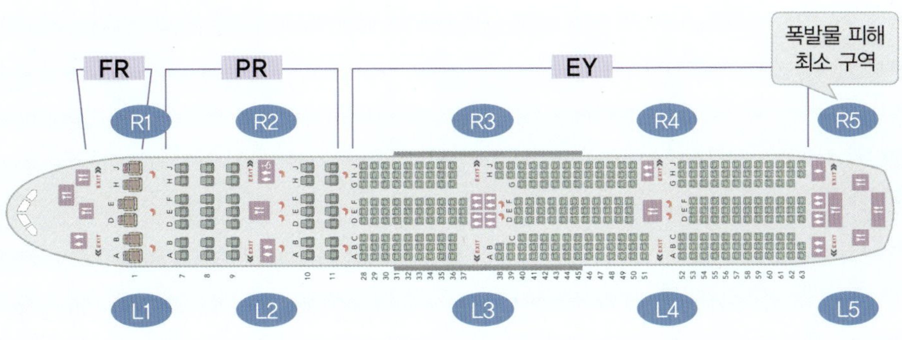

03 항공 테러 발생 시 승무원의 대응 조치

국가 항공보안 계획에 따르면 항공 테러를 예방하기 위해 공항 운영자, 항공운송 사업자, 국토교통부는 책임을 다해야 한다. 그중에서 항공운송 사업자의 책임, 즉 항공기 보안을 위해 직무를 수행해야 하는 운항승무원과 객실승무원의 대응 조치를 알아보자.

이러한 대응 조치의 핵심 목표는 인명 보호이다. 이를 위해 항공기가 출발하기 전 비인가자의 침입, 위해 물품의 탑재 여부 등을 점검하는데, 이때 보안 점검표를 이용한다. 보안 점검표에는 조종실, 객실, 화장실, 갤리, 화물칸 등 항공기 점검 구역과 폭발물 피해 최소 구역 등의 정보가 포함되어 있다. 항공기가 공항에 도착하면 통과·환승 승객을 포함한 모든 승객이 하기하고, 객실승무원은 승객이 휴대 물품을 두고 내리지 않았는지 확인해야 하는데, 이러한 보안 점검을 모든 비행마다 수행한다. 그리고 항공 테러가 발생했을 때는 다음과 같이 대응해야 한다.

1) 항공기 납치 시

- 인터폰이나 비상벨을 이용하여 납치범이 탑승했다는 사실을 비밀리에 기장에게 알려준다.
- 승객들을 안심시키고 동요를 막는다.

bibiphoto/Shutterstock.com

bibiphoto/Shutterstock.com

- 상황에 따라 납치범의 의견을 침착하게 들어주고 납치범을 자극하지 않는다.
- 납치범과 불필요한 언쟁(정치적 신념 등)을 하지 않는다.
- 납치범이 말을 걸면 조용히 대답하고 관심을 끄는 행동을 하지 않는다.
- 무기, 폭발물, 인질에 대해 유의하면서 행동한다.
- 납치범의 조종실 난입을 최대한 막는다.
- 납치범의 일반적인 요구 사항을 들어준다.
- 납치범에게 주류를 제공하지 않는다.
- 영웅심으로 납치범에게 저항하거나 공격하려는 승객을 제지한다.
- 범인, 무기, 공범, 범행 목적 등의 정보를 확보하여 기장에게 보고할 수 있는 방안을 마련한다.
- 항공기 회항, 외부 공권력 개입 등에 대비하여 승객의 안전을 확보한다.
- 구출된다는 희망을 갖고 건강 상태를 유지한다.
- 외부 공권력이 개입되었을 때(구출 작전) 구출 팀이 테러범과 승객을 구분할 수 있도록 바닥에 엎드리고 구출 팀의 지시를 따른다.

2) 폭발물 발견 시

- 폭발물로 의심되는 물건을 발견하면 이동을 자제하고 기장에게 보고한다.
- 폭발물로 의심되는 물건의 외형, 크기, 종류, 수량, 발견 위치 등을 기장에게

상세히 보고한다.

- 기장은 폭발물로 의심되는 물건이 발견되었음을 관계 기관에 보고한다.
- 객실승무원은 승객의 동요를 막고 폭발물 주변 승객의 자리를 옮겨준다.
- 폭발물 피해 최소 구역으로의 이동이 결정되면 폭발물 이동 가능 여부를 확인한다.
- 폭발물을 운반하는 승무원은 방폭 재킷을 착용하고 폭발물을 폭발물 피해 최소 구역으로 옮긴다.
- 나머지 승무원은 방폭 매트와 수하물 등을 이용하여 폭발물 피해 최소 구역을 준비한다.
- 비상 착륙에 대비하여 안전 업무를 수행한다.
- 비상 착륙 후 외부 공권력 개입 시 지시와 절차를 준수한다.
- 폭발음이 들리면 즉시 바닥에 엎드려 양팔과 팔꿈치를 가슴에 붙이고 귀와 머리를 손으로 감싸 보호한다.
- 연쇄 폭발이 발생할 수 있으므로 좀 더 엎드려 있다가 폭발 지점 반대 반향으로 대피한다.

3) 생화학 무기 발견 시

- 생화학 무기로 의심되는 물건을 발견하면 이동을 자제하고 기장에게 보고한다.
- 생화학 무기로 의심되는 물건의 외형, 크기, 종류, 수량, 발견 위치 등을 기장에게 상세히 보고한다.
- 기장은 생화학 무기로 의심되는 물건이 발견되었음을 관계 기관에 보고한다.
- 객실승무원은 승객의 동요를 막으며, 코와 입을 마스크나 손수건 등으로 가

리고 승객을 대피시킨다.

- 감염이 의심되는 승객을 격리한다.
- 생화학 무기로 의심되는 물건을 접촉하지 않고, 접촉했을 때는 흐르는 물로 씻는다.
- 출입문과 창문 등을 통해 외부 공기가 유입되지 않게 한다.
- 에어컨, 환풍기 등의 작동을 중지하여 오염된 공기가 순환되지 않게 한다.
- 생화학 무기로 의심되는 물건이나 분말 가루(탄저균 등) 우편물 등을 발견했을 때는 옷, 비닐, 담요 등으로 덮어 확산을 방지한다.
- 신속하게 하기하고 생화학 무기 처리 전담반의 지시를 따른다.
- 오염된 옷 등은 별도의 오염 처리 용기나 봉투(biohazard bag)에 밀봉하여 처리한다.
- 대피 후 전문적인 치료를 받는다.

4) 운항승무원의 조치

기내에서 비상사태가 발생했을 때는 운항승무원이 적절히 조치를 취해야 하며, 특히 항공 테러의 경우 운항승무원과 외부 관계 기관의 협조가 유기적으로 이루어져야 한다. 만약 운항 중 기내에 폭발물이 탑재되었다는 정보가 접수되면 객실승무원과 정보를 공유하고 훈련받은 절차대로 임무를 수행한다.

기장은 공항의 폭발물 전문가와 교신하여 구체적인 도움을 구하고, 폭파 위협 정보 입수에 대한 방송을 실시하며, 탑승객의 수하물이 아닌 수하물이 기내에 반입되었는지 확인하는 절차를 수행한다. 이와 더불어 신속하게 비상 착륙한 후 폭발물 처리 전담반의 지시를 따른다.

5) 폭발물 발견 시 대응 절차 실습

<table>
<tr><th colspan="6">시나리오 기반 안전 업무 실습</th></tr>
<tr><td>실습일</td><td colspan="2">년 월 일</td><td>실습 과목명</td><td colspan="2"></td></tr>
<tr><td>학번</td><td></td><td>이름</td><td></td><td>평가자</td><td></td></tr>
<tr><td>실습 주제</td><td colspan="5">비행 중 폭발물 발견 시 대응 절차</td></tr>
<tr><td>실습 목표</td><td colspan="5">• 상황에 따라 적절한 대응 조치를 취할 수 있는가?
• 상황에 따라 승무원 간에 협력할 수 있는가?
• 상황에 따라 적절히 의사소통을 할 수 있는가?</td></tr>
<tr><td>비행 단계</td><td colspan="3">순항 중</td><td>장소</td><td>객실</td></tr>
<tr><td>CRM 스킬</td><td colspan="5">• 상황 인식
• 의사소통
• 승무원 간의 협력</td></tr>
<tr><td>상황</td><td colspan="5">식사 서비스 후 객실승무원이 객실을 순회하다 EY C존 마지막 열 좌석 후방 아래에서 가로 20cm, 세로 20cm, 높이 20cm의 수상한 물체를 발견했다.</td></tr>
<tr><td>조건</td><td colspan="5">• C존은 만석이지만 후방인 D존에는 빈자리가 많다.
• 총 7명의 객실승무원이 근무 중이다.</td></tr>
<tr><td colspan="6">폭발물을 발견했을 때의 대응 절차를 실습한 후 자신의 생각을 정리해봅시다.</td></tr>
</table>

04 우리나라의 항공 테러 대응

급변하는 세계정세를 통해 알 수 있듯이 우리나라도 항공 테러를 안심할 수 있는 나라가 아니다. 이에 항공 관련 종사자는 항공 테러에 대해 늘 관심을 기울여야 하며, 항공 여행을 하는 승객 또한 경각심을 가져야 한다.

우리나라는 테러에 대한 안전을 확보하기 위해 대테러센터를 운영 중이며, 테러 예방 및 대응 능력 향상을 위해 다양한 노력을 쏟고 있다. 대테러센터는 구체적으로 국가 대테러 활동 관련 법령 제정·개정, 관계 기관 테러 대비 태세 점검·평가, 국가테러대책위원회 운영, 국가 중요 행사 대테러 안전 대책 수립·점검, 장·단기 국가 대테러 활동 지침(매뉴얼) 작성·배포, 대테러 국제 협력, 테러 경보 발령, 테러 상황 관리 및 분석 등의 업무를 지원한다.

1) 테러 경보 단계

테러 발생 가능성 등의 기준에 따라 다음과 같이 4단계로 등급을 구분하고, 등급에 따른 대응 조치를 공표하고 있다.

등급	발령 기준	
관심	테러 발생 가능성이 낮은 상태	• 우리나라 대상 테러 첩보 입수 • 국제 테러 빈발
주의	테러로 발전할 수 있는 상태	• 우리나라 대상 테러 첩보 구체화 • 국제 테러 조직·연계자 잠입 기도
경계	테러 발생 가능성이 높은 상태	• 테러 조직이 우리나라 직접 지목·위협 • 대규모 테러 이용 수단 적발
심각	테러 발생이 확실시되는 상태	• 우리나라 대상 명백한 테러 첩보 입수 • 국내에서 테러 기도 및 사건 발생

2) 종합 모의 훈련

참고영상

우리나라는 민간 항공기 납치, 기내 폭발물 탑재 등의 상황에 효율적이고 신속하게 대응하기 위해 전국 공항별로 국토교통부, 군, 경찰청, 국가정보원, 공항 운영자, 항공사 등 항공보안 관련 기관이 참여하여 실제와 동일한 상황을 가정하고 테러에 대비하는 모의 훈련을 실시하고 있다. 국제민간항공기구의 국제 기준 및 국가 항공보안 프로그램에 따라 통상적으로 2년에 1회 이상 정기적으로 실시하며, 국제회의나 올림픽과 같은 국제적인 행사가 개최될 때는 해당 공항에서 모의 훈련을 추가로 진행한다.

참고영상

Chung Sung-Jun via Getty Images

Chung Sung-Jun via Getty Images

정리해보기

1. 항공기 납치범이 탑승했을 때 객실승무원의 대응 조치를 정리하시오.

2. 기내에서 폭발물로 의심되는 물건을 발견했을 때 객실승무원의 대응 조치를 정리하시오.

CHAPTER 7

응급 환자 발생 시 대응 조치

MEDICAL EMERGENCIES

인간의 수명이 연장되어 고령화됨에 따라 노년층의 항공 여행이 증가하고 있다. 또한 장거리 비행 구간이 확대되고 기저 질환 보유자 및 환자 승객의 탑승이 증가하면서 기내 응급 환자 발생 건수도 증가하는 추세이다. 응급 환자가 발생하면 신속하게 응급처치가 이루어져야 하므로, 이 장에서는 기내에서 발생하는 다양한 응급 상황을 알아보고 객실승무원의 적절한 대응 조치를 익힌다.

학습 목표

- 기내 응급처치의 기본 원칙을 이해할 수 있다.
- 기내에서 발생하는 다양한 응급 상황을 파악하고 상황에 따라 적절한 대응 조치를 취할 수 있다.

학습 내용

- 기내 응급처치의 기본 원칙
- 기내에 탑재되는 응급의료 장비
- 증상별 응급처치
- 응급 환자 후속 관리
- 응급조치 내용 기록

01 응급 상황의 개요

항공기의 객실은 공간이 제한적이고 기압과 소음 등 외부적인 영향이 크게 작용된다. 기내에서는 이러한 환경적인 원인을 비롯해 승객의 건강상 문제, 난기류와 같은 사고 등으로 인해 응급 상황이 발생하곤 한다. 이에 대비하여 항공사는 '기내 의약품 및 의료 기기'를 탑재하며, 기내는 외부의 조력을 기대하기 어려운 특수한 환경이므로 객실승무원이 응급처치 역할을 수행한다. 따라서 객실승무원은 응급처치에 필요한 지식과 기능을 갖추기 위해 정기적·반복적으로 교육훈련을 받아야 한다. 그러나 모든 응급 상황을 객실승무원이 해결하기는 어렵기 때문에 승객 중 의료인의 도움을 받거나, 항공사와 연계된 의료 기관을 통해 협조를

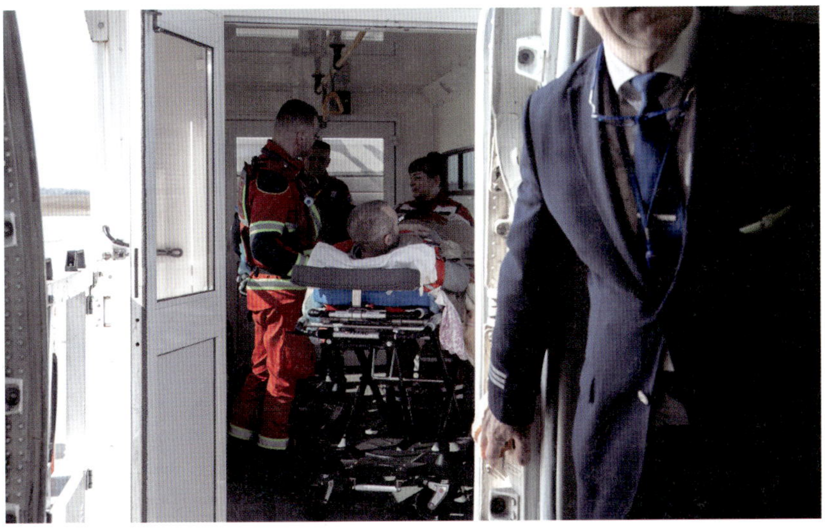

PETTER BERNTSEN/AFP via Getty Images

받고 있다.

1) 응급 환자 발생 시 승무원 역할의 중요성

응급 환자의 경우 현장에서 즉시 응급처치를 하면 생명을 지킬 가능성이 높아지지만, 반대로 응급처치가 지연되면 심각한 손상을 입거나 생명을 잃을 수도 있다. 특히 기내는 공간이 협소하고 밀폐된 데다 온도, 소음, 습도, 기압 등이 지상과 달라서 처음 항공 여행을 하는 사람에게는 매우 낯선 환경일 것이다. 그리고 항공 여행을 해본 적이 있더라도 항공기를 자주 이용하지 않는 승객의 경우 신체적·정신적으로 상당한 불안감을 주는 환경일 수 있다. 또한 상용 승객이라 하더라도 장시간 항공 여행을 하다 보면 건강상 문제를 겪을 수도 있다.

그러나 기내는 외부의 도움을 받을 수 없고 의료 장비와 의료 서비스가 한정적이라 객실승무원의 역할이 매우 중요하다. 기내에서는 의료인이 아닌 사람이 의료 행위를 할 수 없으며, 승객 중 의료인이 있다 하더라도 기내 응급처치 장비에 익숙지 않을 수 있다. 또한 최적의 의약품이 없는 경우 대체 의약품을 활용해야 한다. 항공운송 중 응급 환자가 발생했을 때 응급처치를 어떻게 하느냐는 항공안전 및 회항으로 인한 항공사의 경제적 손실과 직결된다. 따라서 객실승무원의 적절한 응급처치는 승객의 생명을 구할 수 있을 뿐만 아니라 다른 승객들의 안전을 위해 필수적이다.

생각해보기 응급 환자가 발생했을 때 승무원의 역할이 왜 중요한가?

항공 지식

여성 객실승무원의 시초

최초의 객실승무원은 독일 루프트한자의 남성 승무원이며, 최초의 여성 객실승무원은 미국의 간호사인 엘런 처치(Ellen Church)이다. 1930년에 보잉에어트랜스포트(유나이티드항공의 전신)가 간호사 자격증을 소지한 엘런 처치를 여성 객실승무원으로 처음 채용한 이후 스위스항공, KLM, 루프트한자 등 유럽 항공사가 여성 객실승무원을 채용하기 시작했다. 당시에는 심리적인 불안감을 호소하는 승객이 많았고, 항공 여행 중 부상을 당하거나 몸이 불편한 경우 도움을 받기 위해 간호사를 동반하기도 했다. 그래서 안정감을 제공하고 섬세하게 승객을 보살피는 여성 객실승무원의 입지가 굳어지게 되었다.
오늘날 일부 국내 항공사는 간호사 자격증 소지자를 객실승무원으로 채용하고 있으며, 이들은 기내에서 응급 환자가 발생했을 때 적극적으로 응급처치를 수행할 수 있다. 이러한 객실승무원이 승객에게 간호사 출신임을 밝히면 승객이 안도하는 경우도 있어 심리적 안정에 도움이 된다.

Bettmann/Bettmann via Getty Images

ullstein bild/ullstein bild via Getty Images

2) 기내 환자 발생 현황

운항 중인 기내에서는 다양한 환자가 발생한다. 항공사에 따라 환자 발생 건수의 차이가 크지만 대부분은 응급 상황이 아닌 단순 증상이다. 가장 흔한 증상인 실신은 대부분의 항공사에서 비슷한 비율(22%)을 차지하고 있다. 그다음으로 소화기계 증상(17%), 호흡 곤란(10%), 심장 관련 증상(9%), 신경계 증상(8%) 순으로 발생하며, 심정지는 0.3%로 그 비율이 낮다.

기내 환자 발생 현황

증상	2018년	2017년	2016년	합계	비율(%)
총합계	947	1,032	995	2,974	100.00
실신 또는 실신 전 단계	249	219	174	642	21.59
소화기계 증상	168	181	163	512	17.22
호흡 곤란	96	116	98	310	10.42
심장 관련 증상	82	84	89	255	8.57
신경계 증상	53	88	82	223	7.50
정신과적 증상	49	60	71	180	6.05
외상 및 화상	44	51	109	204	6.86
알레르기	36	46	35	117	3.93
정형외과적 증상	18	24	36	78	2.62
고열	30	26	20	76	2.56
비뇨기계 증상	18	29	20	67	2.25
이비인후과적 증상	12	13	22	47	1.58
당뇨성 합병증	9	12	14	35	1.18
산부인과적 증상	5	5	14	24	0.81
심정지	1	2	7	10	0.34
멀미	2	1	3	6	0.20
기타 증상	75	75	38	188	6.32

출처: 김정언·박나리·김정하·권영환, "한국형 기내 의학적 상황 대처 방안 안내서", Korean J Aerosp Environ Med 2020; 30(1): 3-17

3) 응급 상황 사례

(1) 사례 1

2005년 8월 25일, 인천발 미국행 대한항공 017편이 이륙한 지 15분쯤 후 5세 아동 승객이 고열과 경련 증세를 보이다 의식을 잃었다. 아이의 부모는 도움을 요청했고, 다행히 기내에 의사가 있어 응급처치를 하여 아이가 의식을 되찾았다. 그러나 기장은 남은 비행시간과 아이의 상태를 고려하여 유관 부서와 상의한 뒤 승객들의 동의를 구하고 회항하기로 결정했다. 그러나 이륙한 지 얼마 되지 않은 터라 남아 있는 연료가 많아서 항공기의 중량을 줄이기 위해 약 4,000만 원어치의 항공유를 바다에 버렸다. 인천공항에 도착하자마자 아이는 대기하고 있던 앰뷸런스를 타고 병원으로 옮겨졌다. 한 생명을 살리기 위해 모든 승무원과 승객이 뜻을 모아 이루어진 이 회항은 '아름다운 회항'이라는 별칭을 얻었다.

(2) 사례 2

참고영상

2023년 1월 5일, 부산에서 출발하여 괌으로 향하던 진에어 647편에서 11세 아동 승객이 사탕을 먹다 목에 걸리고 말았다. 객실승무원은 사탕으로 인한 기도 폐쇄라는 것을 알아채고는 아이의 등을 두드리다 소용이 없자 하임리히법 응급처치를 시도했다. 객실승무원의 침착한 대처로 아이의 목에 걸린 사탕이 튀어나와 위급한 상황을 모면했다. 당시 하임리히법을 시행했던 객실승무원들은 "정기 안전 훈련 시 하임리히법을 배운 것이 큰 도움이 되었다"고 전했다.

① 등을 세게 두드림　② 복부를 세게 밀어올림　③ 이물질이 나올 때까지 밀어올림

하임리히법

(3) 사례 3

2022년 11월 19일, 인천을 떠나 싱가포르로 향하던 티웨이항공 171편에서 외국

인 남성 승객이 호흡 곤란 증상을 호소하다 의식을 잃었다. 객실승무원은 이러한 응급 상황을 기장에게 알렸으며, 기장은 닥터 페이징(doctor paging) 방송을 했다. 또한 위성 전화를 통해 협력 병원에 의료 자문을 구하고, 간호사 자격증을 보유한 객실승무원과 한의사 승객이 함께 기내 응급처치 장비인 POB(portable oxygen bottle)와 EMK(emergency medical kit)를 사용하여 응급조치를 이어갔다. 기장은 승객의 생명이 위급하다고 판단하여 베트남 호치민 공항으로 회항했으며, 해당 승객은 공항에서 앰뷸런스를 타고 병원으로 이송되어 치료를 받았다.

(4) 사례 4

2020년 1월 9일, 김포발 제주행 이스타항공 211편이 이륙한 지 10여 분 만에 김포로 회항했다. 한 승객이 갑자기 의식을 잃고 쓰러져 주변의 승객들이 곧바로 응급조치에 나섰다. 이들은 간호사, 소방관, 응급처치 교육을 꾸준히 받아온 교사 등으로, 객실승무원에게 신분을 확인받고는 응급조치에 동참했다. 해당 여객기가 김포공항에 착륙한 뒤 응급 환자 승객은 즉시 병원으로 이송되었고 나흘 뒤 의식을 회복했다. 신속하게 응급조치가 이루어지지 않았다면 뇌 손상으로 이어질 수도 있었으나, 자발적으로 나서서 도와준 승객들 덕분에 무사히 퇴원했다.

(5) 사례 5

2019년 8월 18일, 대한항공 739편이 김포 공항을 떠나 오사카 공항에 거의 다다를 무렵 12세 아동 승객이 갑자기 호흡 곤란을 일으키면서 목을 부여잡았다. 아이의 아버지가 아이 입속의 이물질을 제거하려다 실패했고, 어머니가 도움을 요청하여 객실승무원이 아이의 상태를 살펴보았다. 아이는 기도가 막혀 숨을 쉬지 못하고 얼굴이 창백해졌다. 객실승무원들은 하임리히법을 시도하고 닥터 페이징 방송을 했으나 승객 중에 의료인이 없었다. 아이가 의식을 잃어가는 가운데 객실승무원들은 멈추지 않고 응급처치를 계속했다. 마침내 아이의 호흡이 돌아오고 입속에서 빠진 어금니가 나왔으며, 아이는 스스로 걸어서 하기했다.

02 응급처치의 기본 원칙

운항 중인 항공기는 외부의 조력을 받을 수 없기 때문에 기내에서 응급 환자가 발생하면 객실승무원이 필수적인 응급처치를 수행해야 한다. 객실승무원의 신속하고 적절한 초기 대응은 승객의 생명을 지키는 데 필수적인 요소이므로 객실승무원은 기본적인 증상별 응급처치법을 훈련받는다. 그러나 객실승무원은 의료인이 아니므로 의료 행위를 할 수 없으며, 환자 승객의 상태를 정확히 파악하여 기내에 탑승한 의료인 또는 지상 의료 센터에 정보를 제공한다. 기내에서 응급 환자가 발생하면 객실승무원은 팀워크를 기반으로 다음과 같은 단계별 조치를 신속하게 취해야 한다.

1) 상황 판단

객실승무원임을 밝히고 환자 승객을 안정시킨다. 환자가 의식이 있다면 도움에 대한 동의를 구하고, 의식이 없다면 객실승무원의 판단하에 응급조치를 실시한다. 환자 본인과 주변 승객들에게 당시 상황에 대해 자세한 설명을 듣고 의사 소견서, 병력, 현재 복용 중인 의약품 등의 기초 정보를 수집한다.

2) 의사소통

환자 승객을 최초로 발견한 객실승무원은 다른 객실승무원에게 도움을 요청하고 기장에게 정보를 공유한다. 상황에 따라 객실사무장은 닥터 페이징을 실시하고, 기내에 탑승한 의료인에게 도움을 요청한다. 기내에 의료인이 없는 경우에는 지상 의료 시스템을 통해 도움을 받을 수 있다.

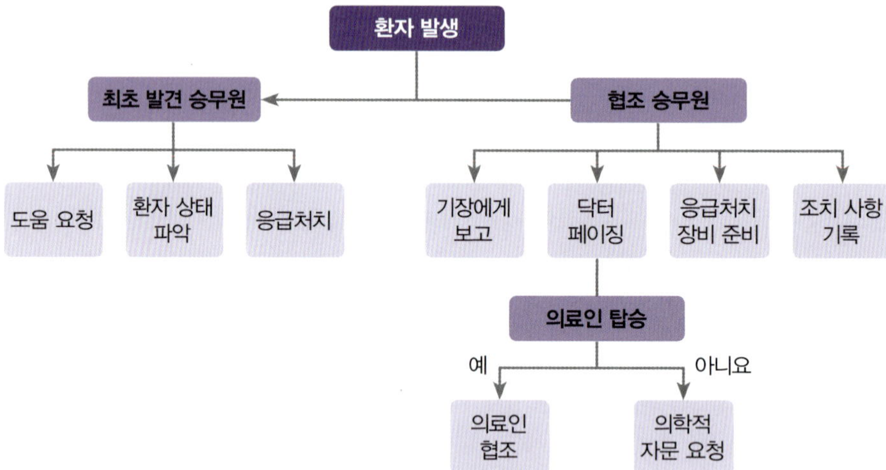

3) ABC 조치

ABC 조치란 응급 환자의 생명을 유지하기 위한 응급처치의 기본 원칙으로, 환자의 기도를 확보하고, 호흡을 확인하며, 심장 박동이 원활한지 확인하는 것을 말한다. ABC 조치만 잘해도 생명을 구할 가능성이 매우 크다.

- **A(airway)**: 환자의 기도를 확보하기 위해 평평한 곳에 눕히고 턱을 약간 들어 올려 머리를 뒤로 젖힌다.
- **B(breathing)**: 환자가 호흡하는지 확인하고, 호흡하지 않는 경우 호흡 보조 장비를 활용하여 공기를 불어넣는다.
- **C(circulation)**: 맥박이 뛰는지 확인하고, 맥박이 뛰지 않는 경우 명치로부터

2~3cm 윗부분을 눌러준다.

기내에서는 최초 발견 승무원과 협조 승무원이 유기적으로 협력하여 ABC 조치를 수행한다.

(1) 최초 발견 승무원

환자 승객을 최초로 발견한 객실승무원은 다음과 같은 절차에 따라 조치를 취한다.

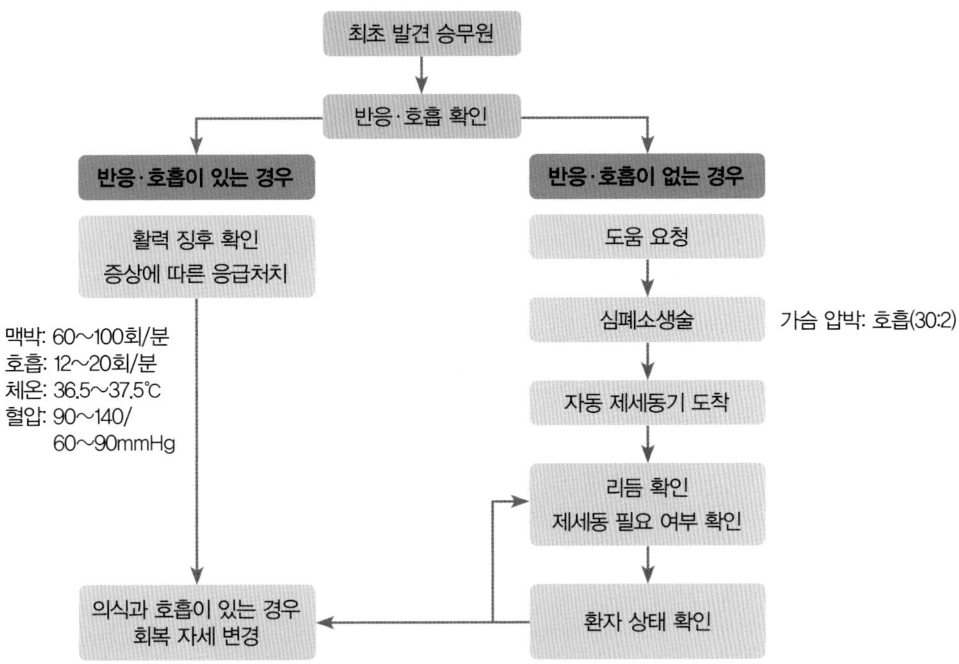

① 반응·호흡 확인

기내에서 응급 환자를 발견하면 먼저 환자의 반응 정도를 확인해야 한다. 만약 의식이 없거나 정신이 혼미하면 환자의 어깨를 두드려 반응을 확인한다(예: "손님, 괜찮으세요? 제 말 들리세요?"). 영아의 경우 발바닥을 건드려 확인한다.

② 도움 요청

응급 환자임을 확인하면 '긴급 비상 신호'를 이용하여 다른 객실승무원에게 즉시 도움을 요청한다. 다른 객실승무원이 신속하고 적절하게 협조할 수 있도록 환자 승객이 발견된 장소와 상태를 정확히 알려준다(예: "L2 화장실 앞에서 50대 여성 승객이 쓰러져 의식이 없습니다. 도와주십시오.").

참고영상

③ 심폐소생술

심폐소생술(cardiopulmonary resuscitation, CPR)은 심정지 환자에게 가슴 압박과 인공호흡을 실시하여 심장 운동을 되살리는 응급조치이다. 환자의 의식과 호흡이 멈춘 후 3분이 지나면 뇌세포가 파괴되기 시작하고 5분이 지나면 뇌 손상을 입을 수 있다. 따라서 재빨리 심폐소생술을 실시해야 하며, 성인의 경우 명치로부터 2~3cm 윗부분을 약 5cm의 깊이로 분당 100~120회 눌러준다. 심폐소생술을 수행하는 사람의 팔꿈치와 환자가 90°를 유지해야 하며, 환자의 의식이 돌아오거나 자동 제세동기(automated external defibrillator, AED)를 사용할 수 있을 때까지 계속 압박한다. 이때 호흡 보조 장비인 BVM(bag valve mask)을 이용하여 공기를 불어넣는다.

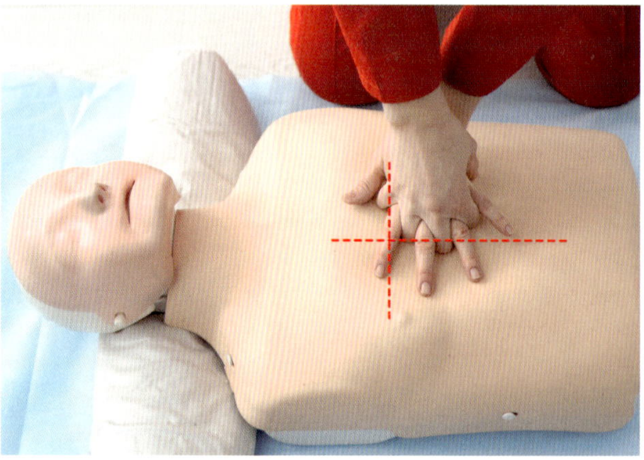

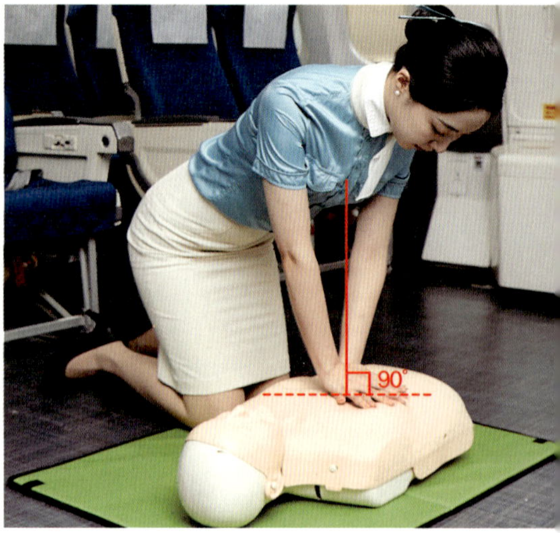

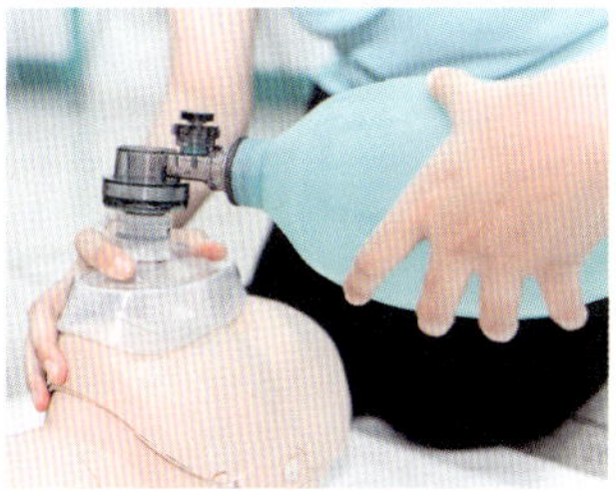

1명이 수행하는 경우

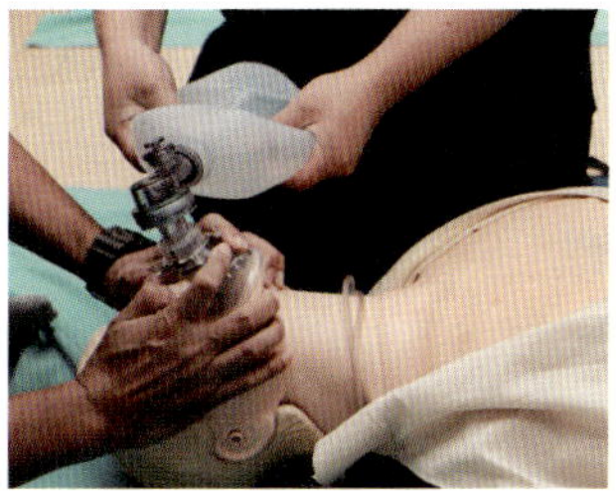

2명이 수행하는 경우

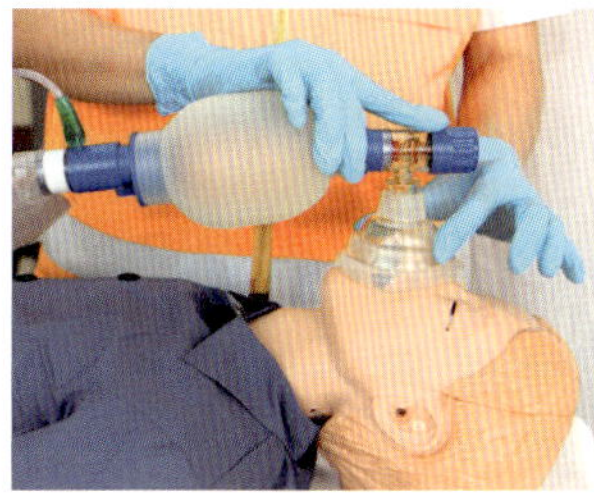

아동의 경우

BVM 사용법

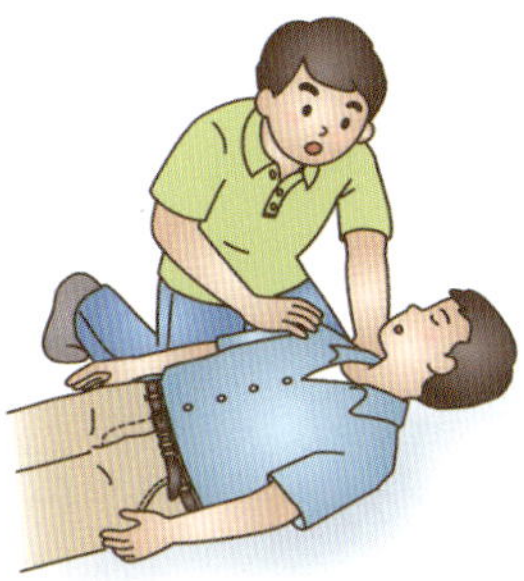

반응·호흡 확인

도움 요청

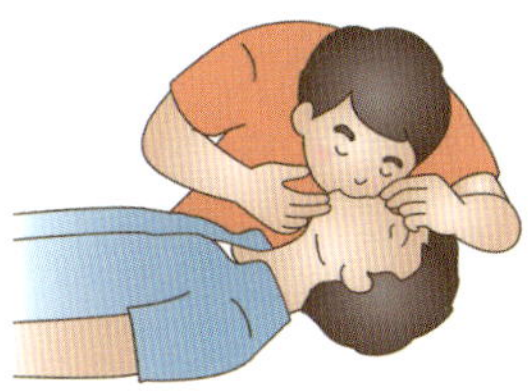

가슴 압박(30회)과 호흡(2회)을 5회 주기로 반복

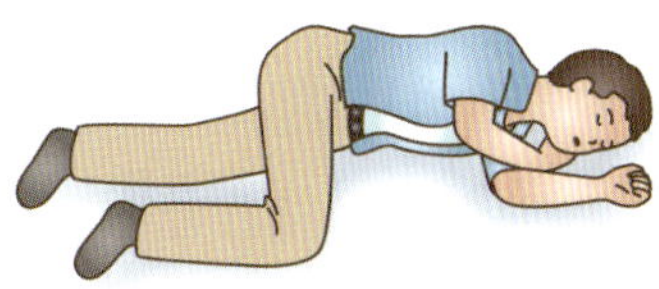

회복 자세

심폐소생술

(2) 협조 승무원

① 정보 공유

환자의 상태에 따라 항공기 운항의 지속 여부를 결정할 수 있도록 객실승무원은 정확한 환자의 상태를 실시간으로 기장에게 알려주어야 한다. 필요시 기장은 통제 센터와 정보를 공유하고 긴급 비상 착륙, 회항 등을 결정한다. 의학적 사유에 의한 회항은 전체 응급 상황의 7% 정도이며(Peterson 등, 2013), 대부분은 기내 응급처치로 증상이 호전된다. 긴급하게 환자를 병원으로 이송하기 위해 회항을 결정하는 경우, 항공사는 큰 경제적 손실을 감안해야 하고 다른 승객들은 일정에 차질이 생길 수 있다.

② 닥터 페이징

기내에서 응급 환자가 발생하면 위급한 정도에 따라 객실사무장이 닥터 페이징을 통해 의료인의 협조를 요청할 수 있다. 우리나라 의료법 제2조에 따르면 의료인은 보건복지부 장관의 면허를 받은 의사, 치과의사, 한의사, 간호사, 조산사이다. 기내에 탑승한 의료인이 자발적으로 협조 의사를 밝혔을 때 객실승무원은 신분증, 의료 면허증 등을 확인해야 한다.

의료인은 환자의 상태, 병력, 진찰 소견을 토대로 환자와 객실승무원에게 조언을 하거나, 필요시 기내 응급의료 장비를 이용하여 투약, 주사, 산소 공급 등의 처치를 할 수 있다. 이러한 처치 내용은 정해진 양식에 기입하며, 추후에 환자가 병원으로 이송될 때 이 자료를 건네야 한다. 또한 기내에 탑재된 의료용품은 한정적이고 지상의 병원에서 사용하는 것과 다소 상이하므로, 의료진이 응급처치를 할 때 객실승무원은 기내에 탑재된 의료용품에 대한 정보를 제공해야 한다.

의료인의 자발적인 도움은 항공기의 안전운항 측면에서 매우 중요하다. 민간항공기에서 발생한 응급 환자에 대한 자료에 따르면 기내에 탑승한 의료인의 도움을 받은 경우가 34.2%였다. 한편 환자의 상태가 중증이거나, 자신의 전공 분야가 아니거나, 추후 법적인 책임 문제가 우려되거나, 기내에서 음주를 한 경우 등의 이유로 의료인이 응급조치를 꺼릴 수도 있다.

닥터 페이징 기내 방송문

안내 말씀 드리겠습니다. 지금 기내에 응급 환자가 발생했습니다. 손님 중에 의사 선생님이 계시면 저희 승무원에게 말씀해주십시오.

항공 지식

착한 사마리아인의 법

생면부지의 타인이 위급한 상황에 처했을 때 응급처치를 했다가 나쁜 결과를 가져올까 두려워 회피하는 경우도 있다. 신속하게 응급처치를 하면 구할 수도 있는 생명인데, 주변 사람들이 외면하여 목숨을 잃을 수도 있다. 착한 사마리아인의 법은 이러한 회피를 줄이고 응급처치를 촉진·장려하기 위한 개념으로, 면책 조항과 처벌 조항으로 구분된다. 위급한 상황에 처한 사람을 돕는 과정에서 의도치 않게 불의의 결과를 초래하더라도 면책 조항에 따라 면책받을 수 있다. 즉 응급처치를 제공함으로써 발생한 재산상 손해와 사상에 대한 민사책임과 상해에 대한 형사책임을 지지 않는다. 예를 들어 심폐소생술을 하다 구조 대상자가 다쳤을 때 법적인 책임을 지지 않는다. 참고로 '응급의료에 관한 법률 제5조의2(선의의 응급의료에 대한 면책)'는 다음과 같다.

생명이 위급한 응급 환자에게 다음 각 호의 어느 하나에 해당하는 응급의료 또는 응급처치를 제공하여 발생한 재산상 손해와 사상에 대하여 고의 또는 중대한 과실이 없는 경우 그 행위자는 민사책임과 상해에 대한 형사책임을 지지 아니하며 사망에 대한 형사책임은 감면한다.

1. 다음 각 목의 어느 하나에 해당하지 아니하는 자가 한 응급처치
   가. 응급의료 종사자
   나. 「선원법」 제86조에 따른 선박의 응급처치 담당자, 「119구조·구급에 관한 법률」 제10조에 따른 구급대 등 다른 법령에 따라 응급처치 제공 의무를 가진 자
2. 응급의료 종사자가 업무 수행 중이 아닌 때 본인이 받은 면허 또는 자격의 범위에서 한 응급의료
3. 제1호 나목에 따른 응급처치 제공 의무를 가진 자가 업무 수행 중이 아닌 때에 한 응급처치

③ 지상 의료 시스템

지상 의료 시스템은 항공사가 기내에서 발생하는 응급의료 상황 시 의학적 조언을 받기 위해 지상 의료진을 운영하는 것을 말한다. 항공사에 따라 자체적으로 항공 전문 의료진을 꾸리는 경우도 있고, 대학병원과 계약을 맺는 경우도 있다. 한 예로 대한항공은 EMCS(Emergency Medical Call System)를 24시간 운영하여 상시 자문과 협조를 받을 수 있다. 지상에서 협진하는 의료인은 기내 환경과 기내에 탑재된 의료용품, 기내에서 자주 발생하는 증상에 숙련되어 있어 적절한 조언을 제공한다. 기내에 탑승한 의료인이 응급처치를 하는 경우, 전공 분야가 아닐 수도 있고 기내에 탑재된 의료용품에 익숙지 않기 때문에 지상 의료 시스템의 자문이 필요하다.

④ 조치 사항 기록

객실승무원은 환자가 발생한 시점부터 응급조치 내용을 시간대별로 기록해야 한다. 여기에는 응급의료 상황의 종류, 환자의 증상, 기내 의료인 유무, 의료 장비 사용, 응급조치 방법, 응급조치 결과 등이 포함된다. 또한 환자의 기본 정보를 확인할 수 있도록 건강 상태 체크리스트를 작성하며, 지상 의료진이 협진했을 때는 별도로 의무 기록지도 작성해야 한다. 환자의 활력 징후가 포함된 건강 상태 체크리스트는 지상 의료진과 기내에 탑승한 의료인이 원활하게 의사소통을 하는 데 활용된다.

항공 지식

활력 징후

활력 징후는 신체 기능이 정상으로 유지되는지를 알 수 있는 주요 지표를 말한다. 여기에는 맥박, 호흡, 체온, 혈압이 포함되며, 이러한 활력 징후가 정상 범위에서 벗어나면 세심하게 관찰해야 한다. 객실승무원은 환자 승객의 활력 징후를 확인하고, 기내에 탑승한 의료인 또는 지상 의료진에게 협조를 요청할 때 제공한다.

활력 징후	정상 범위	측정 방법
맥박	60~100회/분	둘째, 셋째 손가락으로 동맥 부위를 가볍게 눌러서 측정한다.
호흡	12~20회/분	맥박을 잰 후 손을 그대로 두어 대상자가 의식하지 못하는 상태에서 호흡수와 호흡의 깊이 등을 30초 이상 측정한다.
체온	36.5~37.5℃	이마 또는 액와에 체온계를 대어 측정한다.
혈압	90~140/60~90mmHg	혈압계를 이용하여 측정한다.

4) 후속 조치

응급조치를 하여 위기를 모면한 후에는 환자 승객의 상태를 지속적으로 모니터링하고, 상황에 따라 기장과 협의하여 후속 조치를 취해야 한다. 기장은 의료인, 객실승무원, 지상 의료진의 의견을 수렴하여 회항, 비상 착륙, 운항 지속 여부를 결정한다. 또한 이를 신속하게 결정할 수 있도록 객실승무원은 환자 승객에 대한 정확한 정보를 제공해야 한다. 회항의 가장 흔한 사유는 흉통 등의 심혈관 질환, 경련이나 중풍 등의 신경학적 질환이며, 지상의 의료 센터와 협의하여 앰뷸런스를 대기시킨다. 회항하는 경우 항공기 최대 착륙 중량을 맞추기 위해 연료를 배출해야 할 수도 있고, 다른 승객들의 여정을 변경해야 하는 등 상당한 경제적 손실이 따른다.

PETTER BERNTSEN/AFP via Getty Images

03 기내에 탑재되는 응급의료 장비

국내 항공사는 항공안전법 시행규칙 제110조(구급용구 등)에 의거하여 기내에 구급 장비를 비치하고 있다. 법적 의무 탑재 구급 장비는 구급 의료용품(first-aid kit, FAK), 감염 예방 의료용구(universal precaution kit, UPK), 비상 의료용구(emergency medical kit, EMK), 자동 제세동기(automated external defibrillator, AED)이다.

이 밖에도 각 항공사는 국제민간항공기구(ICAO), 미국 연방항공청(FAA)의 기준을 충족하는 의약품, 소모품 등을 추가로 탑재하여 운영 중이다. 또한 객실승무원은 기내에 탑재되는 의료 장비 사용법 및 사용 기준과 관련된 교육훈련을 매년 받고 있다.

고정익 항공기를 위한 운항 기술 기준

7.1.14.13 구급, 감염 예방 및 비상 의료용구

모든 항공기에는 항공안전법 시행규칙 제110조에 따라 구급 의료용품, 감염 예방 의료용구 및 비상 의료용구를 탑재하여야 한다. 다만, 비행거리가 2시간을 초과하고 승객 좌석 수가 100석을 초과하는 항공기의 경우에는 전문 의사 또는 비행 중 응급처치 자격을 갖춘 사람이 사용할 수 있는 비상 의료용구를 1조 이상 탑재하여야 한다.

1) 구급 의료용품

항공안전법에 따라 기내에는 구급 의료용품(FAK)을 반드시 탑재해야 한다. 구급 의료용품은 비행 중 응급 상황, 자주 발생하는 가벼운 질환, 사고 및 부상의 응급처치에 사용되며, 의사의 처방 없이 객실승무원이 사용할 수 있다.

(1) 구성품

- 멸균 면봉(10개 이상), 일회용 밴드, 거즈 붕대, 삼각건, 안전핀, 멸균 거즈, 압박(탄력) 붕대, 소독포, 반창고, 상처 봉합용 테이프, 손 세정제 또는 물수건, 수술용 접착테이프, 핀셋, 일회용 의료 장갑, 비수은 체온계, 인공호흡 마스크
- 해열제, 멀미약, 항히스타민제, 제산제, 지사제 등
- 사용 설명서, 구급 의료용품 사용 시 보고용 서식

(2) 탑재 수량

승객 좌석 수	탑재 수	승객 좌석 수	탑재 수
0~100석 101~200석 201~300석	1조 2조 3조	301~400석 401~500석 501석 이상	4조 5조 6조

(3) 점검 요령

객실승무원은 구급 의료용품이 정해진 위치에 있는지, 실(seal) 상태가 정상인지 점검해야 한다.

(4) 사용 기준 및 주의 사항

- 기장의 허락을 받은 후 사용한다.

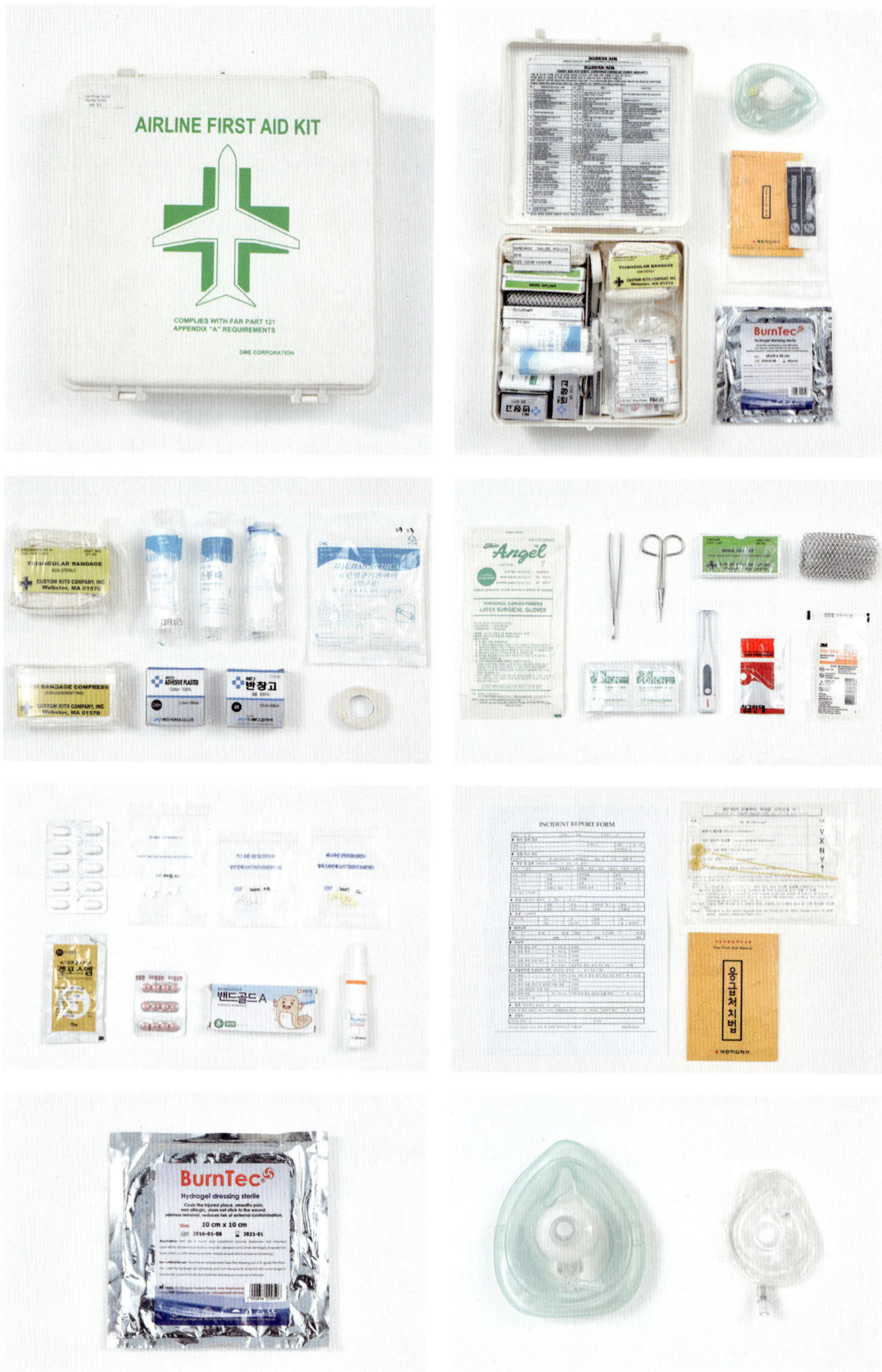
AIRLINE FIRST AID KIT
COMPLIES WITH FAR PART 121
APPENDIX "A" REQUIREMENTS
DME CORPORATION
TRIANGULAR BANDAGE
CUSTOM KITS COMPANY, INC
Webster, MA 01570
반창고
Angel
LATEX SURGICAL GLOVES
밴드골드A
INCIDENT REPORT FORM
응급처치법
BurnTec
Hydrogel dressing sterile
10 cm x 10 cm

구급 의료용품(FAK)

• 사용 후 법적으로 반드시 탑재되어야 하는 품목(약품 등)의 수량이 충족되는지 확인한다.
• 사용한 품목을 보고용 서식에 기재한다.
• 미사용 품목을 원위치에 둔다.
• 사용한 뒤 실(seal)로 봉하여 정해진 위치에 보관한다.

2) 자동 제세동기

자동 제세동기(AED)는 심폐 기능이 정지된 환자의 심전도를 자동으로 분석하고, 제세동이 필요한 경우 전기 충격을 주어 심장 박동을 복구하는 기기이다. 모든 연령대에 사용할 수 있으며, 응급의료에 관한 법률에 따라 2004년 이후 민간 항공기에 필수적으로 탑재하게 되었다. 전기 패드를 환자의 가슴에 부착하고 전원 버튼을 켜면 자동으로 환자의 심전도를 분석하며, 전기 충격이 필요한 경우 전기 충격을 가한다.

(1) 구성품

전기 패드와 제모용 면도기로 이루어져 있다.

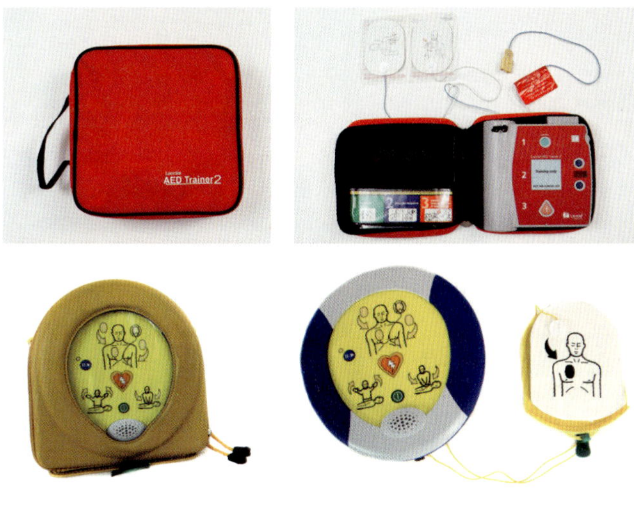

(2) 점검 요령

객실승무원은 자동 제세동기가 정해진 위치에 있는지, 배터리가 충분한지 점검해야 한다.

(3) 사용 기준 및 주의 사항

- 교육훈련을 받은 객실승무원, 의사, 응급구조사가 사용할 수 있다.
- 심폐소생술을 시행할 때 병행하여 사용하며, 자동 제세동기에서 나오는 음성 메시지를 따른다.
- 가슴에 니트로글리세린 패치를 붙인 협심증 환자의 경우 패치를 제거한 후 전기 패드를 부착한다.
- 환자의 가슴에 털이 많으면 제모한 후 전기 패드를 부착한다.
- 환자 몸의 물기나 귀금속 등을 제거하고 전기 패드를 부착한다.
- 모든 연령에 사용 가능하나 1세 미만 영아의 경우 가슴과 등 중앙에 전기 패드를 부착한다.

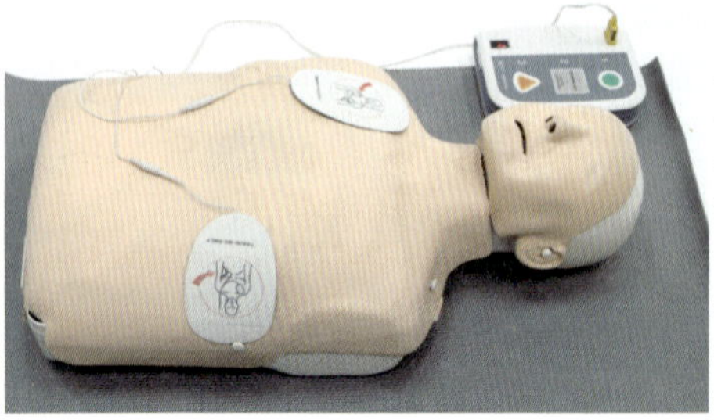
CandiceBrophy/Shutterstock.com

성인의 전기 패드 부착 위치

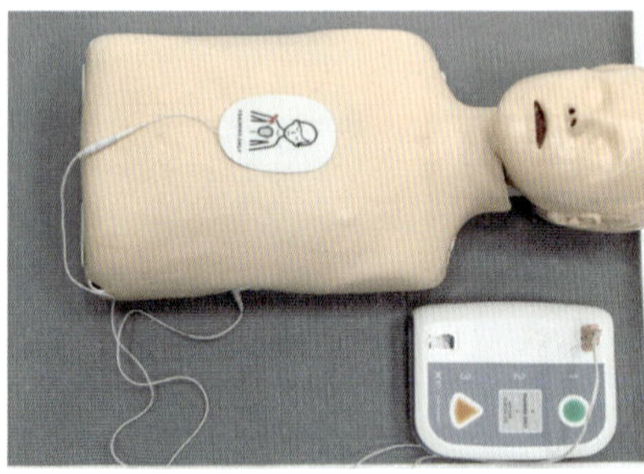
CandiceBrophy/Shutterstock.com

영아의 전기 패드 부착 위치

(4) 사용법

참고영상

① 자동 제세동기의 덮개를 열고 전원을 켠다.

② “환자 가슴에 패드를 부착하세요.” 우측 쇄골 아래, 좌측 유두 아래 옆구리에 전기 패드를 부착한다.

③ “패드 커넥터를 점멸등 옆에 꽂으세요.”

④ “분석 진행 중입니다. 접촉 금지.”

⑤ 심장 리듬을 분석한 결과 전기 충격이 필요하다고 판단되는 경우 “제세동해야 합니다. 충전 중.” 충전 중에도 심폐소생술을 지속한다. “환자에게서 떨어지세요.”

⑥ “지금 제세동 실시하세요. 주황색 충격 버튼을 지금 누르세요.”

⑦ “제세동 실시되었습니다. CPR 시작하세요.” 약 2분간 심폐소생술을 실시한다.

⑧ 2분이 지난 후 “분석 진행 중입니다. 접촉 금지.” 이후 음성 메시지를 따른다.

3) 비상 의료용구

비상 의료용구(EMK)는 의사가 기내 응급 환자를 처치하는 데 사용할 수 있는 전문 의약품 및 의료 기구 세트이다. 이는 기본적으로 기내에 탑승한 의사가 직접 사용하거나, 기내 또는 지상에 있는 의사의 처방에 따라 의사가 아닌 의료인(한의사, 치과의사, 간호사, 조산사)이 사용할 수 있다. 또한 일부 의약품과 의료기구의 경우 객실승무원이 기장의 허락을 받은 후 사용할 수도 있다.

(1) 구성품

- 장비: 내용물 설명서, 기본 인명 구조술 지침서, 청진기, 혈압계, 손전등(펜라이트)과 건전지, 비수은 체온계, 인공기도, 기관 도관(또는 대형 정맥 삽입관), 인공호흡용 BVM(자동 팽창 환기 마스크), 주사기, 주삿바늘, 정맥주사용 도관(카테터), 정맥 혈류기(수액 세트), 항균 소독포, 일회용 의료 장갑, 주삿바늘 폐기함, 도뇨관, 지혈대, 스펀지 거즈, 접착테이프, 외과용 마스크, 탯줄 집게(제대 겸자)
- 약품: 아드레날린제 또는 에피네프린(희석 농도 1:1,000), 아트로핀, 니트로

글리세린 정제(또는 스프레이), 아스피린(경구용), 경구용 베타 수용체 차단제, 이뇨제(주사용), 항히스타민제(주사용), 부신피질 스테로이드(주사제), 기관지 확장제(흡입식), 진통제, 항경련제(주사용), 진토제(주사용), 자궁 수축제, 정맥주사용 포도당(50%, 주사용 50mL), 주사용 생리식염수(농도 0.9%, 용량 250mL 이상)

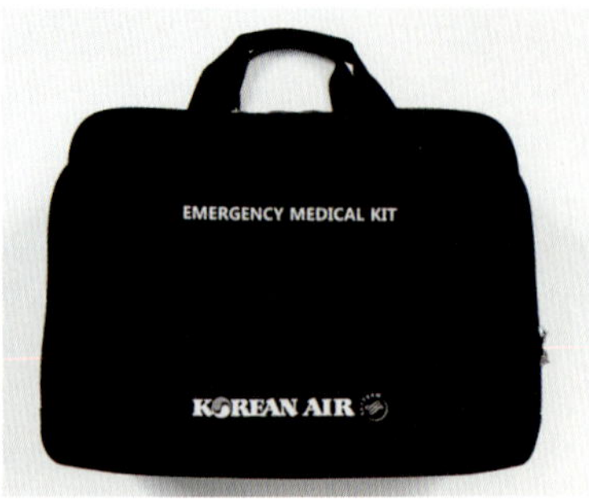

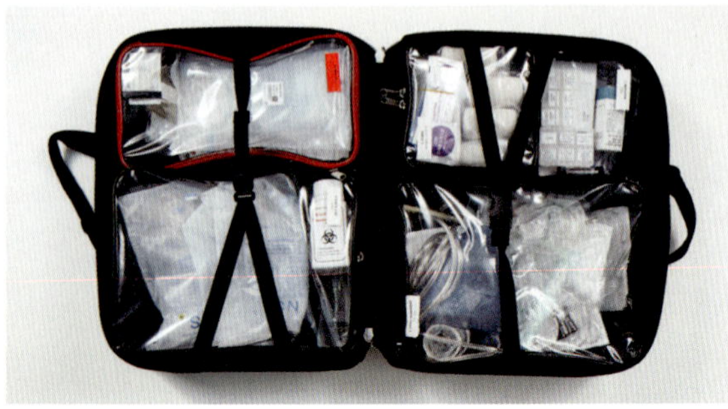

(2) 점검 요령

객실승무원은 비상 의료용구가 정해진 위치에 있는지, 실(seal) 상태가 정상인지 점검해야 한다.

(3) 사용 기준 및 주의 사항

- 의사의 처방에 따라 사용해야 한다. 의사의 처방 없이 사용할 수 있는 품목도 일부 있다.
- 기장의 허락을 받은 후 사용한다.
- 사용 후 법적으로 반드시 탑재되어야 하는 품목(약품 등)의 수량이 충족되는지 확인한다.
- 사용한 품목을 보고용 서식에 기재한다(의료인이 직접 작성하도록 안내한다).
- 미사용 품목을 원위치에 둔다.
- 사용한 뒤 실(seal)로 봉하여 정해진 위치에 보관한다.

4) 감염 예방 의료용구

감염 예방 의료용구(UPK)는 환자의 혈액을 포함한 체액을 직접 접촉함으로써 발생할 수 있는 교차 감염을 줄이고 안전하게 폐기하는 데 사용된다.

(1) 구성품

액체 응고제(파우더), 살균제, 피부 세척용 수건, 얼굴/눈 보호대(마스크), 일회용 의료 장갑, 보호용 앞치마, 흡착용 타월, 오염물 처리용 주걱(긁는 도구 포함), 오염된 의료용품 처리 봉투(biohazard bag), 사용 설명서

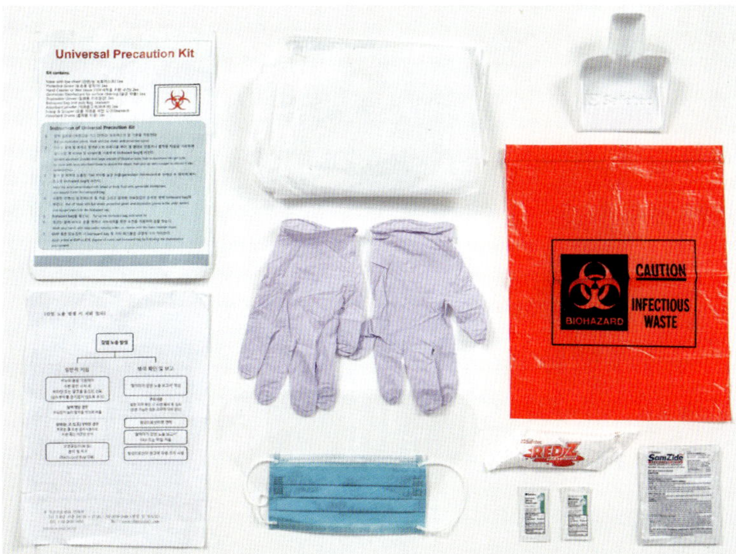

(2) 탑재 수량

승객 좌석 수	탑재 수
0~250석	1조
251~500석	2조
501석 이상	3조

(3) 점검 요령

객실승무원은 감염 예방 의료용구가 정해진 위치에 있는지 점검해야 한다.

(4) 사용 기준 및 주의 사항

- 일회용 의료 장갑→얼굴/눈 보호대→보호용 앞치마 순서로 착용하고, 역순으로 벗는다.
- 사용을 마친 보호용구는 오염된 의료용품 처리 봉투에 담아 별도로 처리한다.
- 장갑을 벗은 후 비누를 이용하여 흐르는 물에 손을 깨끗이 닦는다.
- 다량의 혈액, 체액은 혈액 응고제를 이용하여 젤 형태로 만든 후 오염물 처리용 주걱으로 담거나 흡착용 타월에 흡수시킨다.
- 처치 중 환자의 혈액, 체액 등에 노출되거나, 사용된 주사기에 찔렸을 때는 혈액 매개 감염 노출 보고서를 작성하고 기장에게 보고하며, 공항에 도착한 후 적절한 조치를 받는다.

04 증상별 응급처치

1) 대표적인 증상과 응급처치

기내에서는 다양한 응급 환자가 발생할 수 있으므로 객실승무원은 증상별 응급처치 방법을 익혀 적절하게 대응해야 한다. 대표적인 증상과 응급처치 방법은 다음과 같다.

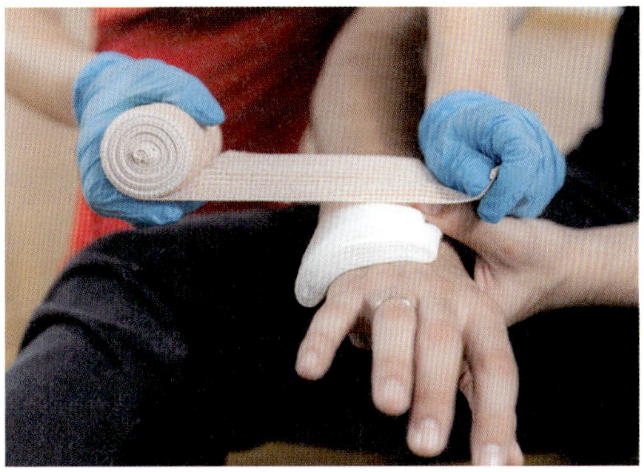

증상		응급처치
실신 (syncope)	• 느리고 약한 맥박 • 창백, 현기증 • 의식 소실	• 머리를 낮추고 하지를 거상한다. • 의복을 느슨하게 풀어준다. • 활력 징후를 확인한다. • 필요시 산소를 공급한다.
소화기계 증상 (gastrointestinal symptoms)	• 속쓰림, 설사, 복통	• 증상에 따라 소화제, 진경제, 제산제 등의 의약품을 제공한다.
과호흡 (hyperventilation)	• 호흡, 맥박 상승 • 손발 경련 • 가슴 답답함 • 어지러움 • 감각 이상	• 승객을 안정시킨다. • 봉지 등을 이용하여 내쉰 호흡을 다시 들이마시도록 유도한다. • 의복을 느슨하게 풀어준다. • 편안한 자세를 유지하게 한다.
외상 (injury)	• 통증 • 상처 부위 변색 • 출혈	• 지혈을 한다. • 소독을 한다. • 붕대로 감는다.
화상 (burn)	• 1도 화상(발적, 부종, 동통) • 2도 화상(수포, 발적, 동통) • 3도 화상(피부가 하얗게 되거나 검게 탐)	• 흐르는 물로 세척하여 화기를 제거한다. • 화상 부위의 장신구, 의복 등을 제거한다(피부와 닿은 경우 억지로 제거하지 않는다). • 화상 치료용 거즈와 연고를 사용한다. • 환부를 느슨하게 고정한다.
고열 (high fever)	• 오한 • 발열	• 승객을 안정시킨다. • 미지근한 물로 전신을 닦아준다. • 탈수를 방지한다.
비출혈 (nose bleeding)	• 비강 내 혈관 파열로 인한 출혈	• 승객을 안정시킨다. • 앉은 자세를 유지하면서 앞으로 숙이게 한다. • 코 주위에 얼음찜질을 한다. • 멸균 거즈 등을 이용하여 코를 막아준다.
멀미 (motion sickness)	• 메스꺼움, 구토, 창백, 불안, 식은땀	• 멀미약을 제공한다. • 의복을 느슨하게 풀어준다. • 차가운 물수건 등을 제공한다.
경련 (convulsion)	• 근육 수축 • 의식 소실	• 승객을 붙잡거나 억제하지 않는다. • 주변의 위험한 물건을 치운다. • 구강이나 치아 사이에 손상을 유발할 물건을 넣지 않는다. • 기도를 확보하고 호흡 여부를 확인한다. • 휴식을 취하도록 회복 자세를 유지하게 한다.
기도 막힘 (choking)	• 높은 음조로 헐떡임 • 목을 움켜쥠 • 숨을 쉬려고 하나 숨을 쉬기 어려움 • 청색증 • 의식 저하	성인의 경우 • 기침을 하도록 유도한다. • 승객 뒤에서 양팔로 복부를 감싼다. • 주먹을 쥔 손의 엄지손가락 방향을 배 윗부분에 대고 다른 손을 위에 겹친 후 승객의 배꼽에서 명치 사이를 위로 쓸어올리듯 강하게 밀어올린다. • 이물질이 나올 때까지 압박한다.

2) 응급처치 절차 실습

<table>
<tr><th colspan="6">시나리오 기반 안전 업무 실습</th></tr>
<tr><td>실습일</td><td colspan="2">년 월 일</td><td>실습 과목명</td><td colspan="2"></td></tr>
<tr><td>학번</td><td></td><td>이름</td><td></td><td>평가자</td><td></td></tr>
<tr><td>실습 주제</td><td colspan="5">비행 중 응급처치 절차</td></tr>
<tr><td>실습 목표</td><td colspan="5">• 응급 환자임을 인식할 수 있는가?
• 상황에 따라 적절한 대응 조치를 취할 수 있는가?
• 상황에 따라 승무원 간에 협력할 수 있는가?
• 상황에 따라 적절히 의사소통을 할 수 있는가?</td></tr>
<tr><td>비행 단계</td><td colspan="3">순항 중</td><td>장소</td><td>객실</td></tr>
<tr><td>CRM 스킬</td><td colspan="5">• 상황 인식
• 의사소통
• 승무원 간의 협력</td></tr>
<tr><td>상황</td><td colspan="5">식사 서비스 후 화장실에 가려던 60대 여성 승객이 L2 화장실 앞에서 갑자기 쓰러지는 것을 객실승무원이 발견했다. 승객의 호흡과 의식을 확인했으나 반응이 없다.</td></tr>
<tr><td>조건</td><td colspan="5">• L2 화장실 주변(B존)은 만석이지만 후방인 D존에는 빈자리가 많다.
• 해외 세미나에 참석하기 위해 탑승한 단체 의사 승객이 있다.
• 총 7명의 객실승무원이 근무 중이다.</td></tr>
<tr><td colspan="6">응급처치 절차를 실습한 후 자신의 생각을 정리해봅시다.</td></tr>
</table>

정리해보기

1. 기내에서 무호흡에 의식이 없는 승객을 발견했을 때의 응급조치를 정리하시오.

2. 기내에서 발생한 응급 환자 사례를 조사하고 느낀 점을 정리하시오.

참고문헌

고현욱, “이슈와 논점”, 국회입법조사처, 제689호, 2013

권창영, “항공기 내 불법행위 처벌 사례 분석과 시사점”, 국회입법조사처 전문가 간담회 발표 자료

글로벌 항공산업동향 vol.25(2024. 1)

김관호, “항공 테러 방지를 위한 공항 보안 개선 대책 연구”, 한국항공운항학회지, 2013

김송주, “항고사고 조사의 개요와 대응 방향”, 이슈와 논점, 국회입법조사처, 2013

김예지, “기내 불법 방해행위에 대한 객실승무원의 테이저건 사용 저해 요인 및 사용 지침에 관한 연구”, 한국항공대학교 석사학위 논문, 2023

김정언·박나리·김정하·권영환, “한국형 기내 의학적 상황 대처 방안 안내서”, Korean J Aerosp Environ Med, 2020

김정하, “항공기 내 응급처치 현황 분석”, 서울대학교 대학원, 간호학 박사학위 논문, 2020

노상균 외, “항공기 승무원의 기본 응급처치 의식 조사”, 한국산학기술학회논문지 제12권 제9호, 2011

박수진, “기내 불법 방해행위의 증거물에 관한 항공 객실승무원의 증명력 확보를 위한 방안 연구”, 한국항공경영학회지 제20권 제6호, 2022

박수진, “항공기 내 보안 제도 개선에 관한 법적 연구”, 한국항공대학교 박사학위 논문, 2020

박수진·김선아·황호원, “음주 승객의 항공기 탑승 거절에 관한 연구”, 한국항공경영학회지 제16권 제3호, 2018

박수진·윤영훈·황호원,“항공기 내 불법 방해행위 대응 조치에 관한 법적 연구 – 객실승무원의 수사 절차를 중심으로”, 한국항공경영학회지 제17권 제4호, 2019

박홍성, “항공기 테러의 실태와 대응 전략에 관한 연구”, 동국대학교 행정대학원 석사학

위 논문, 2008
배현아,“한국의 착한 사마리아인법: 응급의료에 관한 법률 제5조의2 적용과 해석”, 사법, vol.1, no.28, 2014
유경인, “항공 승객의 객실 안전 정보 인식에 관한 연구”, 한국항공대학교 박사학위 논문, 2011
이용호·한복순, “한 민간 항공기에서 발생한 응급 환자 결과 분석”, 항공우주의학회지 8(4), 1998
이일환, “비상하는 항공 산업의 초석 항공안전 기술”, 한국과학기술기획평가원, 동향 브리핑 , 2012
이훈·김동률 , “우리나라 경찰 테이저건 사용 매뉴얼의 문제점 및 개선 방안에 관한 연구”, 경찰학연구, 17(3), 2017
임인규·강자영, “항공기 디지털 네트워크 시스템 보안 문제점과 사이버 대응 전략”, 한국항행학회논문지, 2017
조종사 표준교재 비행이론, 국토교통부, 2017
한재현·황유철, “항공사고 예방을 위한 정책 방향 수립 연구”, 이슈페이퍼, 한국교통연구원, 2013
항공사고 원인 규명을 위한 항공사고 조사, 한국항공진흥협회 기술정보실, 2010
2020 항공안전백서 국토교통부 항공정책실(2021. 6)

고정익 항공기를 위한 운항기술기준(Flight Safety Regulations for Aeroplanes)[시행 2023. 7. 31.] [국토교통부고시 제2023-453호, 2023. 7. 31., 일부 개정]
국민보호와 공공안전을 위한 테러방지법[시행 2021. 7. 20.] [법률 제18321호, 2021. 7. 20., 일부 개정]
응급의료에 관한 법률[시행 2023. 11. 9.] [법률 제19607호, 2023. 8. 8., 일부 개정]
항공보안법[시행 2022. 1. 28.] [법률 제18354호, 2021. 7. 27., 일부 개정]
항공보안법 시행규칙[시행 2022. 1. 28.] [국토교통부령 제1101호, 2022. 1. 28., 일부 개정]
항공안전법[시행 2023. 10. 19.] [법률 제19394호, 2023. 4. 18., 일부 개정]
항공안전법 시행규칙[시행 2023. 10. 19.] [국토교통부령 제1262호, 2023. 10. 19., 일부 개정]
항공운송사업자의 항공기내보안요원 등 운영지침[시행 2023. 12. 28.] [국토교통부지침 제200호, 2023. 12. 28., 일부 개정]

NCS 기내 일상 안전 관리 학습모듈(https://ncs.go.kr/unity/th03/ncsResultSearch.do)
병원간호사회 홈페이지
대테러센터 홈페이지
항공정보포털시스템 홈페이지
대한항공 홈페이지

Aviation Safety Study SA9501, "A Safety Study of Evacuations of Large, Passenger-Carrying Aircraft", Report Number SA9501, Transportation Safety Board of Canada
DOC 9683-AN/950(Human Factors Training Manual)
https://www.tsb-bst.gc.ca/eng/rapports-reports/aviation/etudes-studies/sa9501/sa9501.html
IATA, Cabin Operations Safety, best practices Guide
ICAO Annex 13_Aircraft Accident and Incident Investigation, 2016
ICAO Doc 10002, cabin crew safety training manual, 2014
ICAO Doc 10117, Manual on the Legal Aspects of Unruly and Disruptive Passengers, 2019
Transort Canada AC 700-036, "Brace for Impact Positions for All Aircraft Occupants", Civil Aviation, Standards, 2016

저자 약력

홍영식

한국항공대학교 항공경영학과 석사

현) 한국항공경영학회 이사
　 국제관광레저학회 이사

전) 대한항공 객실수석사무장
　 대한항공 객실승원팀장
　 인하공업전문대학 항공운항과 교수

항공의 날 건교부 장관상 수상
2014 인천 아시안게임 관련 대통령 표창
NCS 항공객실서비스 분야 개발 및 대표 집필자

박수진

한국항공대학교 항공경영학과 석사
한국항공대학교 항공운항관리학과 법학 박사(항공우주법 전공)

현) 인하공업전문대학 항공운항과 전임교수
　 한국항공안전교육원 항공안전·보안 강사
　 항공보안학회 이사
　 항공운항학회 이사
　 항공인적요인학회 이사
　 항공판례연구회 연구위원

전) 대한항공 선임사무장
　 대한항공 객실훈련원 전임강사
　 대한항공 객실교관 및 심사관
　 2018 평창 동계올림픽 자원봉사 교육 담당